最新 実務決定版

会社法ガイドブック

あずさ監査法人 著

清文社

発刊によせて

　会社法制の現代化を進めていた法制審議会の会社法部会は、平成16年12月8日に「会社法制の現代化に関する要綱案」(以下、要綱案)を決定し、平成17年2月9日の法制審議会総会での審議により「会社法制の現代化に関する要綱」が決定しました。その後、「会社法」案は平成17年3月18日の閣議決定、同年3月22日の国会への提出を経て、平成17年6月29日に新「会社法」として、参議院本会議で可決・成立しました。

　新「会社法」には、約300に及ぶ事項が法務省令に委任されており、その委任規定に基づき平成18年2月7日に「会社法施行規則」、「会社計算規則」及び「電子公告規則」の3つの法務省令が公布され、新「会社法」は平成18年5月1日から既に施行されています。

　この改正は、単に商法会社編・有限会社法・商法特例法の統一化やひらがな・口語体化をはかるという形式的な「現代化」にとどまらず、企業におけるニーズに可能な限り対応した実質的な「現代化」をも含む大きな改正です。

　具体的には、株式会社と有限会社の会社類型の統一化、最低資本金制度の撤廃、会社の機関設計の大幅な柔軟化、大会社への内部統制構築の基本方針決定の義務付け、取締役の無過失責任の見直し、中小規模会社の計算書類の正確性を確保するための「会計参与」制度の創設、剰余金の分配に係る規制の統一化、剰余金の分配に係る回数制限の撤廃、吸収合併等における対価の柔軟化等、簡易組織再編の要件緩和、新しい会社類型「合同会社」の創設等を主な内容としています。

　本書は平成17年8月に出版しましたが、法務省令公布を機にさらに改訂を実施し、新「会社法」のポイント及び法務省令を出来る限り簡潔に解説しております。本書が企業の実務や経営に携わる方々の参考になれば幸いです。

平成18年7月

あずさ監査法人　専務理事
代表社員　公認会計士　園　木　　宏

CONTENTS

はじめに
- ●会社法の成立経緯 ……………………………………………………… 1
- ●会社法の主な改正内容一覧表 ………………………………………… 2

I 会社法の「基本方針」とは

1 会社法制の現代語化 ……………………………………………… 4
2 実質面の改正とは ………………………………………………… 4

II 株式会社・有限会社はこう変わった

1 主な改正事項──株式会社と有限会社が一本化された ……… 6
2 株式会社設立についての改正 …………………………………… 7
 1 株式会社設立時の定款の記載事項について　7
 2 払込取扱機関について　10
 3 会社設立時の現物出資・財産引受けについて　11
 4 事後設立の規制について　12
 5 設立無効の訴え　13
3 株式会社の各機関についての改正 ……………………………… 13
 1 株式会社の機関設計における選択肢が拡大された　13
 2 株主・株主総会はこう変わった　16
 3 取締役・取締役会はこう変わった　20
 4 監査役はこう変わった　30
 5 会計参与とは　31
 6 会計監査人はこう変わった　33
 7 その他　35
4 株式・新株予約権・新株予約権付社債についての改正 ……… 36
 1 株式の内容と種類について　36
 2 旧商法における種類株式と会社法における種類株式　37
 3 譲渡制限株式について　38
 4 取得請求権付株式、取得条項付株式について　40

5　全部取得条項付種類株式の取得について　41
　6　議決権制限株式について　42
　7　自己株式について　43
　8　株式の無償割当てについて　48
　9　株主について　48
　10　新株発行について　54
　11　株券について　60
　12　株式買取請求権について　60
　13　端株・単元株について　61
　14　新株予約権について　62
　15　子会社について　64
5 **社債についての改正** ……………………………………66
　1　社債総則　66
　2　社債管理者について　67
　3　社債権者集会について　70
　4　社債の譲渡について　72
　5　社債の銘柄統合について　73
6 **株式会社の計算について** ………………………………73
　1　会計原則と会計帳簿について　73
　2　計算書類について　74
　3　剰余金の分配可能額の計算方法の見直し　83
　4　剰余金分配に係る取締役等の責任　99
　5　剰余金の分配手続の見直し　100
　6　資本の部の計数の変動手続　102
　7　役員賞与について　104
7 **組織再編についての改正** ………………………………107
　1　組織再編時の対価を柔軟に　107
　2　簡易組織再編について　110
　3　略式組織再編について　111
　4　組織再編行為に伴う新株予約権の承継　112
　5　株式交換・株式移転について　113
　6　組織再編行為に関する会計処理について　114
　7　組織再編行為に際して差損が生じる場合　116
　8　組織再編行為の効力発生日　117
　9　合併無効の訴え　118

8 清算についての改正 …………………………………………………………118
- 1 清算手続への裁判所の関与　118
- 2 清算中の会社の機関　119
- 3 清算中の株式会社の計算　120
- 4 清算中の会社がすべき公告とは　120
- 5 清算中の株式会社の債務の弁済　121
- 6 清算中の株式会社の配当　122
- 7 清算結了登記後の資料の保存者　123

III 持分会社はこう変わった
合同会社の新設と合資会社・合名会社の改正

- 1 新しい会社のかたち　124
- 2 合同会社が新設された　125
- 3 合資会社はこう変わった　128
- 4 合名会社はこう変わった　128
- 5 会社類型の相互関係について　129
- 6 合同会社の課税方式について　130
- 7 有限責任事業組合（LLP）について　130

IV 会社法のその他の改正

1 商号・登記についての改正 ………………………………………………132
- 1 会社の商号について　132
- 2 登記事項について　133
- 3 営業譲渡について　133
- 4 その他　134

2 外国会社についての改正 …………………………………………………134
- 1 擬似外国会社について　134
- 2 外国会社の日本における代表者について　134

3 その他 ………………………………………………………………………135
- 1 罰則　135
- 2 関連規定の整備　135

Ⅴ 会社法と敵対的買収

1 敵対的買収とは ……………………………………………136
2 買収者の種類 ………………………………………………137
3 敵対的買収者に狙われやすい企業 ………………………138
4 敵対的買収に対する防衛策 ………………………………140
5 企業買収防衛策の指針 ……………………………………144

〔凡例〕 会社法939①三………会社法第939条第1項第三号

※本書の内容は、平成18年6月1日現在の法令等によって記述しています。

装丁デザイン 東 雅之

はじめに

会社法の成立経緯

　会社法制の現代化を進めていた法務省法制審議会の会社法(現代化関係)部会は、平成16年12月8日、「会社法制の現代化に関する要綱案」(以下、要綱案)を決定し、平成17年2月9日の法制審議会総会での審議により「会社法制の現代化に関する要綱」が決定されました。要綱案から要綱へは、取締役の資格の欠格事由について、「破産の宣告を受け」から「破産手続開始の決定を受け」という部分のみが修正されました。これは、平成17年1月1日から、破産法が変更となったことによるものです。

　その後、平成17年3月18日に「会社法」案が閣議決定され、同年3月22日には同法案が国会に提出され、「会社法」は、平成17年6月29日に参議院本会議で可決・成立しました。

　会社法においては、約300に及ぶ事項が法務省令に委任されており、その委任規定に基づく法務省令が平成18年2月7日に「会社法施行規則」、「会社計算規則」及び「電子公告規則」の3省令として公布されています。

　会社法は、平成18年5月1日から施行されています。

　改正の骨子は次ページのとおりであり、広範囲な見直しとなっています。

会社法　成立の経緯

- 平成16年12月8日　　会社法制の現代化に関する要綱案(法制審議会会社法(現代化)部会決定)
- 平成17年2月9日　　会社法制の現代化に関する要綱(法制審議会総会決定)
- 平成17年3月18日　　会社法案　閣議決定
- 平成17年3月22日　　会社法案　国会提出
- 平成17年6月29日　　会社法案　成立
- 平成17年7月26日　　会社法　公布
- 平成18年5月1日　　会社法　施行

会社法の主な改正内容一覧表

内容	関連ページ
○商法第2編、有限会社法、商法特例法等の各規定において、カタカナ文語体で表記されているものをひらがな口語体化等を行い、1つの法典（「会社法」）として再編成した。	4
○株式会社と有限会社を1つの会社類型（株式会社）とした。	6
○最低資本金制度（旧法では株式会社1,000万円、有限会社300万円）を撤廃し、設立時、成立後の規制はなくなった。ただし、資本金の額にかかわらず、純資産額が300万円未満の場合には、剰余金があっても、これを株主には分配できないこととなった。	7
○発起設立の場合につき、従来の払込金保管証明に係る制度を廃止し、設立登記の払込取扱機関への払込証明については、残高証明等とした。	10
○現物出資・財産引受けについての検査役の調査を要しない場合の特例として、会社設立時における少額特例の要件を500万円に一本化し、検査役の調査を要しない有価証券の範囲を「取引所の相場のある有価証券」から「市場価格のある有価証券」に拡大した。また、金銭債権の現物出資については、履行期が到来しているものを当該債権額以下で出資する場合に限り、検査役の調査が不要となった。	11
○事後設立については、検査役の調査制度が廃止された。	12
○会社の機関設計については、株式会社と有限会社の統合を図るため、旧有限会社に類する簡素な機関設計も可能とするなど、規律の大幅な柔軟化が図られた。その結果、株式譲渡制限会社でない大会社における機関のあり方は、従来と同様であるが、その他の株式会社については、株式譲渡制限の有無、会社規模に応じて、従来よりも選択できる機関設計が増加した。	13
○取締役の解任については、累積投票により選任された場合を除き、その決議要件を緩和し、普通決議となった。	21
○内部統制システムの基本方針を取締役会の専決事項とし、決議内容の概要を事業報告の記載事項とし、大会社については、その構築の基本方針の決定を義務付けた。	22
○取締役の責任については、無過失責任の見直し等を行い、委員会設置会社とそれ以外の会社における規律の調整が図られた。	25
○株主代表訴訟において、原告株主が不正な利益を図る目的とする場合等には提訴をできないこととし、株式交換等により株主たる地位を失う場合であっても、一定の場合には、原告資格を失わないとする手当てが実施された。	29

○中小規模の会社の計算書類の正確性を確保するため、公認会計士・税理士などの「会計参与」が取締役と共同で財務諸表の作成に携わる制度を創設した。	31
○重要財産委員会については、これを取締役会とは別の機関として構成することはせずに、取締役会の決議要件等の特則に係る制度として構成し直した。	35
○種類株式については、株主総会の特別決議により、その種類の株式全部を取得することができる旨の定款の定めを設けることができることとなった。	37
○端株制度は、これを実質的に単元株制度に統合して、廃止した。	61
○株式会社は、その機関設計のいかんにかかわらず社債を発行することができる。	66
○剰余金の配当に係る規制については、株主に対する会社財産の払戻し行為（従来の利益の配当、中間配当、資本又は準備金の減少に伴う払戻し、自己株式の有償取得等）に対する統一的な財源規制をかけることとなった。	83
○剰余金の配当に係る回数制限をなくし、株主総会の決議により、いつでも剰余金の配当を決定できるようにし、現物配当に係る規定が整備された。	100
○資本の部の計数については、株主総会の決議により、いつでもそれを変動できるようにし、欠損てん補に係る資本金の減少の決議要件の普通決議化、準備金の減少額の上限規制の廃止等を実施した。	102
○吸収合併等において、消滅会社の株主等に対して、存続会社の株式でなく、金銭その他の財産を交付することを認め、対価の柔軟化が図られた。	107
○簡易組織再編については、その要件の基準を5％から20％に緩和した。	110
○支配関係のある会社間（支配会社が被支配会社の9割以上の議決権を保有している状態にある当該会社間）で組織再編行為を行う場合において、被支配会社における株主総会決議を要しない簡易手続が創設された。	112
○組織再編行為の際の会計処理については、剰余金の計上にかかわる規律の整備、合併差損が発生する場合における手続規定の整備が図られた。	114
○清算手続への裁判所の関与については、清算手続は、裁判所の監督に服する規定を削除し、清算中の会社の機関については、合理化、明確化が図られた。	118
○出資者は有限責任で、内部規律は組合的に決定できる新しい会社類型「合同会社」が創設された。	124
○合名会社・合資会社関係では、社員1人のみの合名会社の設立・存続を認め、会社が無限責任社員となることを許容した。	128
○商号については、類似商号規制を廃止した。	132

I 会社法の「基本方針」とは

会社法による会社法制の現代化は、形式面と実質面の改正に区分されます。

1 会社法制の現代語化

　会社に関して規定する商法第2編、有限会社法、株式会社の監査等に関する商法の特例に関する法律（以下、「商法特例法」という）について、次の方針により現代語化されました。
　1　カタカナ文語体で表記されている旧商法第2編、旧有限会社法等について、ひらがな口語体に変更する。
　2　用語の整理を行う。
　3　会社に関して規定する旧商法第2編、旧有限会社法、旧商法特例法の各規定について、1つの法典（会社法）としてまとめ、再編成した。

2 実質面の改正とは

　実質面においては、会社法制の現代語化の作業と合わせ、会社に係る諸制度間の規律の不均衡の是正等を行うとともに、最近の社会経済情勢の変化に対応するための各種制度の見直し等、「会社法の現代化」にふさわしい内容の改正が実施されました。

会社法の条文構成は、以下のとおりです（（　）内は条文数）。

第1編　総則
　第1章　通則（1～5条）
　第2章　会社の商号（6～9条）
　第3章　会社の使用人等（10～20条）
　第4章　事業の譲渡をした場合の競業の禁止等（21～24条）
第2編　株式会社
　第1章　設立（25～103条）
　第2章　株式（104～235条）
　第3章　新株予約権（236～294条）
　第4章　機関（295～430条）
　第5章　計算等（431～465条）
　第6章　定款の変更（466条）
　第7章　事業の譲渡等（467～470条）
　第8章　解散（471～474条）
　第9章　清算（475～574条）
第3編　持分会社
　第1章　設立（575～579条）
　第2章　社員（580～589条）
　第3章　管理（590～603条）
　第4章　社員の加入及び退社（604～613条）
　第5章　計算等（614～636条）
　第6章　定款の変更（637～640条）
　第7章　解散（641～643条）
　第8章　清算（644～675条）
第4編　社債
　第1章　総則（676～701条）
　第2章　社債管理者（702～714条）
　第3章　社債権者集会（715～742条）
第5編　組織変更、合併、会社分割、株式交換及び株式移転
　第1章　組織変更（743～747条）
　第2章　合併（748～756条）
　第3章　会社分割（757～766条）
　第4章　株式交換及び株式移転（767～774条）
　第5章　組織変更、合併、会社分割、株式交換及び株式移転の手続（775～816条）
第6編　外国会社（817～823条）
第7編　雑則
　第1章　会社の解散命令等（824～827条）
　第2章　訴訟（828～867条）
　第3章　非訟（868～906条）
　第4章　登記（907～938条）
　第5章　公告（939～959条）
第8編　罰則（960～979条）
附則

II 株式会社・有限会社はこう変わった

1 主な改正事項 ──株式会社と有限会社が一本化された

　株式会社と有限会社の2つの会社類型が統合されて、1つの会社類型（株式会社）となりました。これは、形骸化している株式会社の規律について、緩やかな有限会社の規律との一本化を図るものです。これにより、旧有限会社でしか認められていなかった規律が、会社法の中に取り込まれました。

　したがって、会社法の施行後は、有限会社制度が廃止されることになり、有限会社の設立は認められなくなりました。

　ただし、既存の有限会社の取扱いについては、「会社法の施行に伴う関係法律の整備等に関する法律（以下、整備法）」で有限会社法の廃止に伴う経過措置及び会社法の特則が定められ、会社法の施行後も、従来の規律の下にとどまることができます。

主な内容は、以下のとおりです。

- 旧有限会社の定款、社員、持分及び出資1口は、株式会社の定款、株主、株式及び1株とみなされる（整備法2、42②）。
- この株式会社は、その商号中に「有限会社」の文字を使用しなければならず、「特例有限会社」と呼ばれる（整備法3）。
- 旧有限会社の社員名簿は、株主名簿とみなされる（整備法8）。
- 株式の譲渡制限の定めに関する特則として、特例有限会社の定款には、株主からの承認の請求（会社法136）又は株式取得者からの承認の請求（会社法137①）の定めがあるものとみなされる（整備法9）。
- 特例有限会社の株主総会の特別決議は、総株主の半数以上が出席し、その株主の議決権の4分の3以上とされる（整備法14③）。
- 特例有限会社が大会社に該当する場合であっても、会計監査人の設置は強制されない（整備法17）。
- 特例有限会社の取締役、監査役の任期については、会社法による任期の規定は適用されない（整備法18）。
- 特例有限会社については、決算公告に関する規定は適用されない（整備法28）。

また、特例有限会社は定款を変更(商号変更)し、その商号中に「株式会社」という文字を用いて、会社法による株式会社となることが認められています（整備法45①）。

2 株式会社設立についての改正

1 株式会社設立時の定款の記載事項について

(1) 「設立に際して出資すべき額」の記載と最低資本金制度の撤廃

従来、株式会社の設立時には、定款で絶対的記載事項として「株式会社の設立に際して発行する株式の総数」を定めていましたが、会社法では「株式会社の設立に際して出資すべき額又はその下限額」となりました（会社法27四）。

これは、旧商法において資本と株式の関係が切断されていた点を考慮した改正です。

最低資本金は、株式会社が1,000万円、有限会社が300万円でしたが、会社法では、この最低資本金の規制がなくなります。

従来から、中小企業挑戦支援法（中小企業の新たな事業活動の促進に関する法律）で、商法の特例として資本金1円の株式会社が認められていましたが、設立後5年内に増資をして資本金1,000万円にできなければ、解散することになっていました。

この法律は、「開業率（約4％）が廃業率（約6％）を下回るなど未だ厳しい状況にある我が国経済の活力を呼び覚まし、グローバルな競争力を高めていくため、創業、新事業などの新たな事業活動に「挑戦」する中小企業者等を積極的に支援する制度の拡充を図る」目的で立法されたものですが、会社法では、原則として払込み1円（資本金ゼロ円）の株式会社が認められることになります。これにより、新規事業の創出効果がさらに期待できることになります。

> **コラム：資本金ゼロ**
> 設立時の最低資本金（株式会社1,000万円、有限会社300万円）は廃止されました。会社を設立する際の出資額は、1円以上必要ですが、資本金は設立費用を控除して定められるため、最初の資本金はゼロとなってもよいこととなります（会社計算規則74）。

(2) 株式会社の設立に際して発行する「株式に関する事項」

旧商法では、株式会社の設立に際して発行する株式の種類及び数は、定款又は発起人全員の同意をもって定めることとされていましたが、発起人への株式の割当ての方法については特に規定がなく、実務的には、定款に各発起人に割り当てる株式の数を記載し、これに各発起人が署名することにより、株式の引受けが行われていました。(1)のとおり会社法では、定款作成時には株式の総数を決める必要がなくなることから、発起人に割り当てる株式の数は、定款だけでなく、発起人全員の同意をもって定めることもできることになりました（会社法32①）。

また、「株式会社が発行する株式の総数」は定款の絶対的記載事項でしたが、会社法では、引受後設立前に発起人全員の同意又は創立総会の決議によって定めることもできる任意記載事項となりました（会社法37①、98）。

さらに募集設立において、株式を引き受けた者の全部又は一部が払込みを行わず、その者の引受権が失権した場合は、さらに株主を募集することが必要でしたが、会社法では、発起人が引き受けた株式の全部につき払込又は給付をし、かつ、定款で定めた最低額以上の出資がされているときは、そのまま設立を行うことができます。つまり、旧商法の新株発行と同様な打切り発行が認められることになりました。

旧商法で、設立時の打切り発行を認めないのは、設立時の資本的財産基礎の確保の要請と授権株式数の4分の1の発行の確保等にあるといわれていましたが、発起人の払込み、給付が確保されれば、打切り発行を認めても大きな弊害はないこと、設立時と新株発行の規制に違いを設ける必要はないことから、設立時にも、打切り発行が認められることになりました（会社法63③）。

> **コラム：定款の記載事項**
>
> 　定款とは、会社の組織、運営に関する根本規則をいいます。国家の基本ルールとして憲法があるように、いかなる形態の法人を設立するにも、その基本となるルールを策定しなければなりません。
>
> 　株式会社の定款には、必ず定めておかなければならない絶対的記載事項があります。旧法と会社法との比較表は、以下のとおりです。
>
> **定款の絶対的記載事項**
>
> | 旧法（商法166） | 会社法（会社法27） |
> |---|---|
> | 目的 | 目的 |
> | 商号 | 商号 |
> | 本店所在地 | 本店所在地 |
> | 発起人の氏名、住所 | 発起人の氏名、住所 |
> | 設立に際して発行する株式の総数 | なし |
> | 会社が発行する株式の総数 | なし |
> | 公告方法 | なし |
> | | 設立に際して出資される財産の価額又はその最低額 |

(3) 設立時の取締役等に関する事項

　発起設立の場合は、発起人による出資の履行後、引き受けた株式の議決権の過半数をもって設立時の取締役等を定めるとしていましたが（旧商法170①）、実務上は、原始定款で取締役及び監査役を定める方法も行われ、それは適法と考えられており、その取扱いを明確化すべきという要望がありました。

　会社法では、その要望を受け入れ、定款で設立時の取締役等をあらかじめ定めておくことも可能となりました（会社法40①）。この改正は、実務上の取扱いを明確にするものであり、実務上の影響はないと考えられます。

　募集設立の場合は、株式引受人を募集する以前の段階で作成される原始定款で取締役及び監査役の選任を定める余地がないことから、創立総会の決議により設立時の取締役等を選任することになりました（会社法88）。募集設立については、従来と変更はありません。

(4) 公告の方法

　株式会社が公告をする方法は、官報又は日刊新聞紙のいずれかを定款の絶対的記載事項としていました（旧商法166①九）が、会社法では任意記載事項となり、その定め

がない場合の公告方法は官報となります（会社法939）。なお、日刊新聞紙又は電子公告による場合には、従来どおり定款に記載する必要があります（会社法939）。

また、合併等組織再編行為において、知れたる債権者への個別催告手続を省略するには、官報に加えて定款で定めた公告方法（時事に関する日刊新聞紙又は電子公告）が必要でした（旧商法412①）。したがって、定款に公告方法を官報と定めている場合には、個別催告を省略できないことになっていました。

会社法でも、同様の取扱いとなっており、個別催告を省略するためには、旧商法と同様に、定款に公告方法として、日刊新聞紙又は電子公告を定める必要があります（会社法789③）。

2　払込取扱機関について

旧商法では、会社の設立に際して、発起人は定款の認証後、銀行又は信託銀行に引き受けた株式の発行価額の全額払込みを行い、その銀行から払込金の保管証明書の交付を受け、設立登記の際の添付書類として提出する必要がありました（旧商法189、旧商業登記法80十、95六）。

銀行等から払込金保管証明書の交付を受けるには、銀行等の事務処理に時間を要し、設立に時間がかかるという問題点が指摘されていました。

そこで、会社法では、発起設立の場合においては、設立登記の際の払込取扱機関への払込みがあることの証明については、旧商法のような払込金保管証明書に限定せず、残高証明等の方法によるとされました（会社法34、64、改正商業登記法47②五）。これにより、設立手続の迅速化が図られます。

一方、募集設立の場合には、旧商法と同様、設立登記の際に払込取扱機関の払込金保管証明書が必要であり、払込取扱機関は、旧商法と同様の責任を負うことになります（会社法64、改正商業登記法47②五）。

このように、発起設立と募集設立で規制が異なるのは、発起設立については、株式引受人の保護の必要性はないが、募集設立においては、それが必要とされるからです。

> **コラム：発起設立と募集設立**
> ◇発起設立：設立の企画者であり、設立事務の執行者である発起人が設立の際の発行する株式のすべてを引き受け、会社成立後の最初の株主になる設立形態のことです。
> ◇募集設立：設立の企画者であり、設立事務の執行者である発起人が、株式の一部だけの引受けを行い、残りは、発起人以外の者に対して募集を行い、会社成立後の最初の株主には、発起人と募集に応じて払込みをした者が最初の株主になる設立形態のことです。

株式会社・有限会社はこう変わった

3　会社設立時の現物出資・財産引受けについて

(1)　検査役の調査を要しない場合

　従来は、会社設立時の現物出資及び財産引受けについて、その価額の総額が資本の5分の1を超えず、かつ、500万円を超えない場合は、検査役の調査が不要とされ、少額特例が認められていました。会社法では「資本金の5分の1」以上であっても、当該財産の価額の総額が500万円を超えないときは、検査役の調査を要しないことになりました（会社法33⑩一）。

　この趣旨は、瑕疵があっても事後的なてん補責任で賄える程度であれば、あえて検査役の調査を要しないことにありますので、資本が2,500万円以下の会社（資本の5分の1の条件が制約となる会社）であるからといって、てん補責任で賄える限度が変化すると考える必然性はないと考えられたことによります。

　検査役の調査を要しない有価証券の範囲は、「取引所の相場のある有価証券」から「市場価格のある有価証券」に拡大されました（会社法33⑩二）。

　具体的には、取引所に上場されている有価証券は、証券取引所（外国の証券取引所を含む）に上場されている株式、社債、国債ですが、これに加え、店頭登録株式（外国の店頭登録株式を含む）、グリーンシート銘柄なども含まれます。

　これは、現物出資・財産引受けに係る財産につき、公正な価額が付されており、その価額以下で出資等がされる限り、評価の適正性について特段の問題は生じないことから、その範囲の拡大の要請に応じたことによります。

(2)　現物出資等に関する関係者の責任等

　旧商法では、現物出資又は財産引受けの対象となった財産の会社成立当時の実価が定款に定めた価格に著しく不足する場合には、発起人と会社成立当時の取締役は、連帯してその不足額をてん補する責任を負い、その責任は無過失責任となっていました。この規定は債権者保護のための規定となっていました。

　しかし、会社が金銭をもって財産を取得する場合には、対価が不相当であっても、取締役は一般の任務懈怠責任を負うにすぎないのに対し、対価が株式の場合に無過失責任を負うのは、均衡に欠けます。つまり、金銭の場合には、不相当に支払った分だけ会社財産は流出しますが、対価が株式の場合には、会社財産の流出はなく、出資財産分は資本金又は資本準備金に組み入れられ、ただちに配当財源にはならず、会社財産の流出はないことになります。

　このようなことから、発起人や取締役について、一般の任務懈怠責任よりも加重する理由が乏しいと考えられ、発起設立の場合における株式会社の設立時の取締役及び発起人（現物出資者又は財産の譲渡人を除く）が財産価格の調査について過失がない

ことを証明した場合には、てん補責任は負わないことになりました（会社法52②二）。

ただし、募集設立の場合における株式会社の発起人及び設立時の取締役は、旧商法と同様、株式引受人の保護のため、無過失のてん補責任を負うことになります（会社法103①）。

4 事後設立の規制について

(1) 検査役の調査が廃止された

旧商法では、会社成立直後の財産取得行為は、現物出資や財産引受けの厳重な規制を潜脱する目的で行われるおそれがあるため、株式会社の成立後2年以内に資本金の20分の1以上の財産を譲り受ける場合を事後設立として取り扱い、株主総会の特別決議と検査役の調査が要求されていました。

事後設立の規制緩和の要望に対応し、平成13年の改正で少額特例と弁護士等の財産価格証明制度が認められ、平成14年の改正で公認会計士等も財産評価証明等の業務を実施する資格を保有することとなりました。

しかし、事後設立の検査役の調査の問題点としては、調査コストと調査スケジュールが読めないこと、事後設立が会社成立後の一般的な取引を対象とする規制であるため、一旦売買等の交渉により成立した結果を、さらに事情を知らない検査役や専門家に調査されるのは合理的でないこと、会社成立後2年内に大規模な設備投資や物品購入を原則として禁止するような効果を生じさせるため、事業の運営に著しい障害となることなどの問題点が指摘されていました。また、検査役の調査を回避するため、売買契約の分割、賃貸借の活用、会社成立後2年を経過した休眠会社を利用するなどの方法が実務上採用されていました。

事後設立に係る検査役の調査は、平成2年の改正において、資本充実の観点から会社が取得する財産価格の適正性を確保する目的で導入されたものですが、一般の取引において会社財産が害されることは設立年数と関係ないこと、会社が事業活動に伴い取得する財産の価格の適正性の判断は、取締役等が会社の業務を実施する上での基本的な判断事項であることから、取締役の善管注意義務の範囲内で当然に行われる事項として位置付けられ、検査役の調査は廃止されました。

(2) 事後設立規制の適用範囲

事後設立についての株主総会の特別決議を要する基準については、営業全部の譲受けにつき、株主総会の決議を要する基準に合わせることとされ、純資産額の20％以下の対価で会社が成立後2年以内にその成立前より存在する財産であって、その事業のために継続して使用するものを取得する場合には、株主総会の特別決議は不要となり

株式会社・有限会社はこう変わった

ました（会社法467①五）。

また、新設合併、新設分割又は株式移転により設立された会社については、事後設立規制が課せられないことが明確になりました（会社法467①五）。

5 設立無効の訴え

株主が株式会社の設立の無効の訴えを提起した場合においては、裁判所は、被告の請求により、相当の担保の提供を命ずることができることとなりました（会社法828①一、836①）。

これは設立無効の訴えを提起した原告が敗訴し、その後に原告に悪意又は重大な過失があったことが判明した場合には、会社に対し連帯して負うべき損害賠償責任を担保させ、不用意に設立無効の訴えが提起されないための措置です。

3 株式会社の各機関についての改正

1 株式会社の機関設計における選択肢が拡大された

(1) 株式会社の機関設計の選択肢の拡大

株式会社と有限会社の規律を一体化したことにより、株式会社の機関設計の選択肢が拡大されました。株式会社は、会社の閉鎖性、すなわち株式譲渡制限の有無で区分し、次に中小会社（旧商法の大会社以外の会社）か大会社かで区分されます。

(2) 株式会社は譲渡制限の有無と規模で区分

① 譲渡制限

株式会社は、株式に譲渡制限のある会社とない会社に区分されます。

株式の譲渡制限会社とは、株主が株式の譲渡を実施する際に、次のように定款に会社（取締役会）の承認を要する旨の定めのある会社をいいます。

> （株式の譲渡制限）
> 第〇〇条
> 　　当会社の株式を譲渡するには、取締役会の承認を受けなければならない。

会社法では、株式譲渡制限会社とは、すべての株式について会社の承認を必要とする旨の定めを定款に置いている会社のことです。つまり、会社が複数の種類の株式を発行している場合には、そのひとつに譲渡制限が付されていないと、株式譲渡制限会

社とはならないことになります。

　株式の譲渡制限会社は、基本的には、小規模の会社を想定しており、譲渡制限のない会社に比較して、簡便な運営ルールが認められています。

　なお、株式の譲渡制限のない株式会社は、公開会社と呼ばれます。

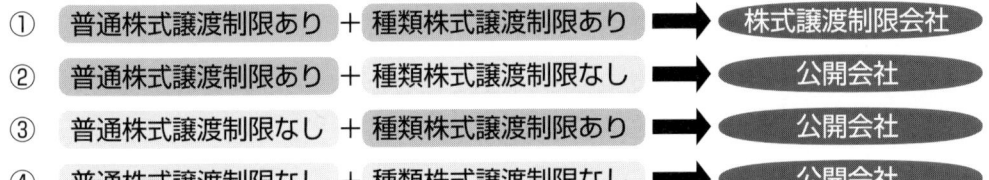

② 大会社とそれ以外

　従来、会社は、資本金と負債総額により、大、中、小会社に区分されていましたが、会社法では、大会社とそれ以外の会社に区分されました。

　大会社の定義に変更はなく、中小会社が大会社以外の会社としてまとめられました。

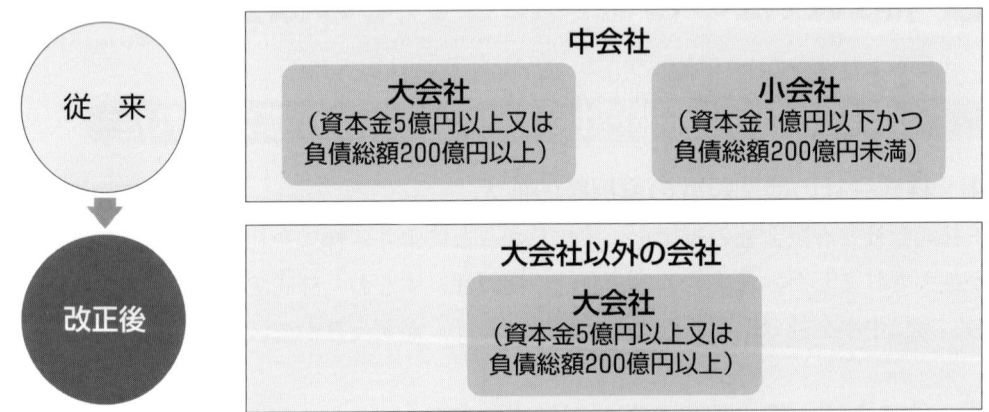

(3) 機関設計の原則

　会社法では、機関設計の原則は、次のとおりです（会社法326～328）。

> ・株式会社には、1人又は2人以上の取締役を置かなければならない。
> ・株式会社は、定款の定めによって、取締役会、会計参与、監査役、監査役会、会計監査人又は委員会を置くことができる。
> ・次に掲げる株式会社は、取締役会を置かなければならない。
> 　　1　公開会社
> 　　2　監査役会設置会社
> 　　3　委員会設置会社
> ・取締役会設置会社（委員会設置会社を除く。）は、監査役を置かなければならない。

> ただし、公開会社でない会計参与設置会社については、この限りでない。
> ・会計監査人設置会社（委員会設置会社を除く。）は、監査役を置かなければならない。
> ・委員会設置会社は、監査役を置いてはならない。
> ・委員会設置会社は、会計監査人を置かなければならない。
> ・大会社（公開会社でないもの及び委員会設置会社を除く。）は、監査役会及び会計監査人を置かなければならない。
> ・公開会社でない大会社は、会計監査人を置かなければならない。

　それぞれの分類により選択可能な機関設計は次の表のとおりです。機関設計は、従来原則として資本等の規模により規律されているため、選択肢はほとんどなかったのですが、有限会社型を認めることや、すべての大会社以外の会社で会計監査人等の設置を認めること、さらに会計参与の制度の導入などもあり、株式会社の機関設計の選択肢は大幅に拡大されました。

◎「株式会社の機関設計」について　　　（法制審議会現代化部会参考資料17（一部改訂）より）

株式譲渡制限大会社以外の会社		株式譲渡制限大会社	
(1)　取締役	●	(1)　取締役＋監査役＋会計監査人	
(2)　取締役＋監査役(注1)	●	(2)　取締役会＋監査役＋会計監査人	
(3)　取締役＋監査役＋会計監査人		(3)　取締役会＋監査役会＋会計監査人	◎
(4)　取締役会＋会計参与(注2)		(4)　取締役会＋三委員会＋会計監査人	◎
(5)　取締役会＋監査役(注1)	◎		
(6)　取締役会＋監査役会			
(7)　取締役会＋監査役＋会計監査人			
(8)　取締役会＋監査役会＋会計監査人	○		
(9)　取締役会＋三委員会＋会計監査人	○		

公開大会社以外の会社		公開大会社	
(1)　取締役会＋監査役	◎	(1)　取締役会＋監査役会＋会計監査人	◎
(2)　取締役会＋監査役会		(2)　取締役会＋三委員会＋会計監査人	◎
(3)　取締役会＋監査役＋会計監査人			
(4)　取締役会＋監査役会＋会計監査人	○		
(5)　取締役会＋三委員会＋会計監査人	○		

（注1）定款により、監査役の権限を会計に関する事項に限定することも可能
（注2）会計参与については、原則として、いずれの機関設計においても任意に設置可能
　●は従来、有限会社で認められていたもので、新たに株式会社にも認められたもの
　◎は従来の株式会社で認められていた機関設計
　○は従来、中会社のみ認められていたもので、新たに小会社にも認められたもの
　無印は、会社法で新たに認められた機関設計

2 株主・株主総会はこう変わった

(1) 招集

旧商法では、株主総会の招集は、原則として取締役会が決定する旨の規定がありましたが、具体的にどのような事項を決定すべきかについての明文規定はありませんでした。会社法では、株主総会の招集の決定に際して、次のような具体的な規定が定められています（会社法298①）。

> 1 株主総会の日時及び場所
> 2 株主総会の目的である事項があるときは、当該事項
> 3 株主総会に出席しない株主が書面によって議決権を行使することができることとするときは、その旨
> 4 株主総会に出席しない株主が電磁的方法によって議決権を行使することができることとするときは、その旨
> 5 前各号に掲げるもののほか、会社法施行規則第63条で定める事項

（注）株主数1,000人以上の大会社では、書面投票は、必須。

(2) 招集通知の発送期限

招集通知の発送期限については、旧商法の株式会社においては、原則として株主総会の会日の2週間前であり、株式譲渡制限会社は、定款により、会日の1週間前まで短縮可能となっていました。一方、旧有限会社においては、社員総会の会日の1週間前であり、定款で短縮可能となっていました。

会社法では、これらの関係を次のように整理しています。

> ・公開会社　⇒（株主総会の会日の2週間前）
> ・取締役会設置株式譲渡制限会社⇒（株主総会の会日の1週間前）
> ・取締役会非設置株式譲渡制限会社⇒（株主総会の会日の1週間前が原則、
> 　　ただし、定款により短縮可能）

変更点は、取締役会設置株式譲渡制限会社の招集通知の発送期限が、会日の2週間前から1週間前に変更されたことです。

(3) 招集通知の方法

旧商法の株式会社であれば、株主総会の招集通知は、書面（株主が承諾した場合は電磁的方法でも可）で行わなければなりませんでした（旧商法232①②）。一方、旧有限会社においては、書面の義務付けもなく、特に制限がありませんでした（旧有限会社法36）。

株式会社・有限会社はこう変わった

　会社法では、取締役会設置会社については、旧株式会社と同様、招集通知は、書面又は電磁的方法によらなければなりません。一方、取締役会を設置しない会社の場合には、招集通知を「書面あるいは電磁的方法によらない」ことが可能となり、口頭による通知等適宜の方法によればよいことになっています（会社法299②）。

> **コラム：株主総会手続の比較**
>
> 会社法では、株主総会の手続は、以下のようになります。
>
> **取締役会設置会社と取締役会非設置会社の株主総会決議事項及び招集手続**
>
> | | 取締役会設置株式会社 | 取締役会非設置株式会社 |
> |---|---|---|
> | 株主総会の決議事項 | 法律又は定款で定めた事項 | 制限なし |
> | 招集通知 | ２週間前までに発出（ただし、譲渡制限会社は、１週間まで短縮可） | １週間前（定款でさらに短縮可）までに発出 |
> | | 書面又は電磁的方法による通知 | 口頭でも可能 |
> | | 会議の目的事項の記載、記録が必要 | 会議の目的事項の記載、記録が不要 |

(4) 株主提案権の行使期限

　株主提案権は、６か月前から引き続き、総株主の議決権の100分の１以上又は300個以上の議決権をもつ一定数以上の議決権を保有する株主にのみ認められる少数株主権でした（旧商法232ノ２）。

　旧商法では、株主提案権の行使期限（旧商法232ノ2）は、平成14年の商法改正以前まで、「６週間前」までとされていた行使期限が、実務界からの要望を受けて株主総会の会日の「８週間前」までとされていました。

　会社法では、株主提案権の行使期限は、旧商法と同様に株主総会の会日の８週間前までとされています。ただし、定款をもって短縮することは、株主の権利を行使する機会を拡大するものですから、短縮できることが明確に規定されました（会社法303②、305①）。

(5) 招集地

　旧商法では、株主総会の招集地について、定款に別段の定めがある場合を除き、本店の所在地又はそれに隣接する地において招集することを要すことになっていました（旧商法233）。ところが、不特定多数の株主が存在する大規模な公開会社の場合、株主も地理的に分散している場合が多いことがあります。場合によっては、多くの株主にとって交通の便が悪く、総会に参加するのに多大な時間と労力が必要となる場合があり、株主総会への参加を阻害する要因となっているとの問題点の指摘があり、今回廃

止されることになりました。

(6) 総会検査役等
① 株式会社からの選任請求
　旧商法では、総会検査役の選任（株主総会招集の手続及び決議の方法を調査させるため、一定の株主は総会に先立ち検査役の選任を裁判所に請求する制度）は株主のみが請求できましたが（旧商法237ノ2①）、会社法では、株式会社自らも請求することができるようになりました（会社法306①）。

② 裁判所による総会招集命令
　旧商法では、総会検査役の調査結果は総会招集命令の制度を通じてしか株主に開示されませんでしたが、会社法では、裁判所は必要があると認められるときは、総会招集命令のほか、株式会社に対し、その調査結果の内容を総株主に対して（総会の招集を行わず）通知するよう命じることができます（会社法307①）。

③ 業務財産調査検査役
　業務財産調査検査役（会社の業務・財産の状況を調査する検査役）に関しても、②と同様の取扱いとなっています（会社法358、359）。

(7) 書面投票・電子投票
① 書面投票制度と電子投票制度
　書面投票制度が義務付けられる株式会社は、旧商法では、電子投票制度を採用した会社であっても、それとは別に議決権行使書面を株主に交付しなければなりませんでした。

　会社法では、招集通知を電磁的方法により受領することを承諾した株主に対しては、原則として、議決権行使書面に記載すべき事項を電磁的方法により提供すれば足り、議決権行使書面の交付を要しないことになりました（会社法301②、302②③）。

　ただし、この場合において、株主から請求があるときは、議決権行使書面の交付を要するものとされます（会社法301②但書、302②但書）。

　書面投票と電子投票とによる議決権の重複行使がされた場合においていずれの議決権行使を有効なものとして取り扱うかについて、株式会社があらかじめ定めることができること、及び議決権行使を受け付けるべき期間について、株式会社があらかじめ合理的な定めを設けることができることが明確化され、これらの定め方については、議決権行使書面等への記載を要するものとされます（会社法施行規則63④ロ）。

② 書面投票制度の義務付けの範囲
　旧商法では、大会社であって議決権を有する株主の数が1,000人以上の会社は招集通知に書面投票制度が義務付けられていましたが、会社法では大会社以外の株式会社

においても議決権を有する株主の数が1,000人以上の会社であれば、書面投票制度が義務付けられます（会社法298②）。

(8) 種類株主総会

① 定款変更時の法定種類株主総会

　旧商法上、会社が数種の株式を発行している場合において、定款変更がある種類の株主に損害を及ぼす場合には、株主総会決議のほか、その種類の株主の種類株主総会の決議が必要とされていました（旧商法345①）。

　しかし、実務上、定款の変更については、事項、内容に法律上の制限や限定がなく多種多様なものがあるため、定款変更がある種類の株主に損害を及ぼしうるかどうかの判断は、現実的に困難な場合が多く、その適用範囲を明確化すべきという問題点が指摘されていました。

　そこで、会社法では、種類株主総会が必要となる定款変更については、当該種類株式の内容を変更する場合（会社法111①）及び新たな種類株式の定めを置いて、株式の種類を追加する場合、株式の内容を変更する場合、発行可能株式総数又は発行可能種類株式総数を増加する場合（会社法322①一）に限定されました。

　以上のポイントを図解すると次のとおりです。

旧　商　法	会　社　法
種類株主に損害を及ぼす場合	・種類株式の内容を変更する場合 ・株式の種類を追加する場合 ・株式の内容を変更する場合 ・発行可能株式総数又は発行可能種類株式総数の増加の場合

② 組織再編時の種類株主総会

　旧商法では、株式の種類に従い格別の定めをなす場合と、株式交換、株式移転、分割又は合併によってある種類株主に損害を及ぼす場合に、種類株主総会の決議が必要となっていました（旧商法346）。

　この旧商法第346条の規定については、合併等の場合に、消滅会社等が数種の株式を発行している場合に、いずれか数種の株式に市場価格がない場合には、合併比率等の合併条件がある種類株主に損害を及ぼすかどうかの判断が困難な場合があり、その種類株主の総会決議なしで合併等を実行することが多いから、合併等の組織再編の障害となっているという問題点が指摘されていました。

　また、平成13年11月の商法改正により、株主総会又は取締役会において決議すべき事項の全部又は一部につきその決議のほか、定款をもってある種類株主総会の決議を要する旨を定めることが認められていたことも踏まえ、今回改正されました。

　会社法では、ある種類株式については、あらかじめ定款をもって、ある種類株式の

内容として会社法第322条第1項に規定する種類株主総会の決議を要しない旨を定めることが可能となりました（会社法322②）。他方、発行後に定款の定めを設けるときには、その種類株主全員の同意が必要となります（会社法322④）。

　この定款の定めがある種類株主は、この定めにより損害を受けた場合は、株式の買取請求権が認められています（会社法116①三）。

手続	条件等	趣旨
定款変更	種類株主全員の同意	種類株主総会の議決権がなくなるという重要事項によるものです。
株式買取請求権の付与	組織再編実行時に種類株主に付与	種類株主総会の議決権がなくなる代わりに、株主利益の保護手段として付与されます。

3　取締役・取締役会はこう変わった

(1)　取締役の資格について

①　資格制限

　旧株式会社では、定款をもっても取締役の資格を株主に限ることはできないものとされ（旧商法254②）、旧有限会社では、特にそのような制約はありませんでした。

　会社法では、株式会社と有限会社が1つの会社類型に整理されたため、株式譲渡制限があるかないかにより、取締役の資格制限を実施することになりました。つまり、株式譲渡制限会社以外の会社は、定款をもっても、取締役を株主に限定することはできないことになります。一方、株式譲渡制限会社においては、取締役を株主に限ることが可能となります（会社法331②）。

②　欠格事由

イ　「破産手続開始の決定を受け復権していない者」を欠格事由から外した

　旧商法では、破産手続開始の決定を受けて復権しない者は、取締役となることができませんでした（旧商法254ノ2二）。しかし、昨今の経済情勢の下、債務者に再度の経済的再生の機会をできるだけ早期に与えることが国民経済上有益なため、会社法では、取締役の欠格事由から除外され（会社法331①参照）、会社法上は取締役への就任を可能としており、最終的には株主総会での株主の判断に任せられることになります。

ロ　欠格事由となる罪に、証券取引法や各種倒産法制に定める罪を加えた

　旧商法では、取締役の欠格事由として、4つが規定されていました（旧商法254ノ2）。

　会社法では、この旧商法第254条ノ2の規定のうち、第3号の規定において、「特定の法律に定められた罰により刑に処せられ、その執行を終わり、または執行を受けることがなくなった日から2年を経過していない者」の罰に、証券取引法、民事再生法、外国倒産処理手続の承認援助に関する法律、会社更生法や破産法で規定されている罰

が加えられています（会社法331①三）。

(2) 取締役の員数について

　旧商法では、取締役は3人以上が必要でしたが、会社法では、株式会社では1人又は2人以上の取締役を置くものとされ、この結果、取締役会を設置しない株式会社は1人でもよいことになりました（会社法326①）。ただし、取締役会設置会社においては、3人以上とされています（会社法331④）。

(3) 取締役の任期について

　会社法上、株式会社（委員会設置会社を除く）の取締役の任期は、原則として選任後2年内の最終の決算期に関する定時総会の終結の時までとなります。ただし、株式譲渡制限会社については、定款で、任期を最長選任後10年以内の最終の決算期に関する定時総会まで伸長することができます（会社法332②）。なお、会社設立時の取締役の任期を1年以内とする規制は削除されました。

　また、委員会設置会社の取締役の任期については、選任後1年以内の最終の決算期に関する定時株主総会の終結の時までとなります（会社法332③）。

　さらに、委員会設置会社となる旨の定款変更あるいは委員会設置会社となる旨の定款を廃止する旨の定款変更をした場合には、定款変更の効力が生じた任期は、満了したものとみなされます（会社法332④）。これは、委員会設置会社となるか否かにより、取締役の性格が異なることから、このような規制が導入されました。

　以上のことをまとめると、次のとおりです。

①　取締役の任期は原則として2年。 　　株式譲渡制限会社は、定款で任期を最長10年まで伸長可能。
②　最初の取締役の任期は1年を超えることができない（旧商法256②）という規定は削除されました。
③　委員会設置会社の取締役の任期は1年。
④　次の定款変更をした場合には、取締役の任期は、当該定款変更の効力が生じた時に満了とみなされます。 　　・委員会設置会社となる旨の定款変更 　　・委員会設置会社となる旨の定款を廃止する旨の定款変更

(4) 取締役等の選解任について

① 取締役等の選任決議の定足数

　株式会社の取締役・監査役の選任・解任決議（特別決議によるべきものを除く）の定足数については、定款をもっても、議決権を行使することができる株主の有する議

決権の総数の3分の1未満とすることはできません（会社法309、339、341）。

② 解任決議の決議要件

旧商法では、取締役の解任の決議要件については、株式会社の場合には特別決議とされていましたが（旧商法257②・257ノ3②）、有限会社の場合には普通決議で足りるものとされていました（旧有限会社法32）。昨今、株主総会による取締役の選解任に通じた取締役に対するコントロールを重視すべきであるという指摘が強まっていることにかんがみ、会社法では、株式会社全般について、取締役の解任決議の要件が普通決議（ただし、累積投票によって選任された者を除く）となりました（会社法309、339）。

(5) 内部統制システムの構築に関する決定・開示

旧商法では、委員会設置会社は監査委員会の職務の遂行との関連において、取締役会が、いわゆる「リスク管理システム（損失の危険の管理に関する規程その他の体制に関する事項）・内部統制システム（執行役の職務の執行が法令及び定款に適合し、かつ、効率的に行われることを確保するための体制に関するその他の事項）」を構築することが義務付けられていました（旧商法特例法21の7①二、旧商則193）。しかしながら、これら内部統制システムの構築は、委員会設置会社のみならず、監査役会（監査役）設置会社の経営の重要課題であると考えられます。

① 内部統制システムの構築の基本方針

会社法では、内部統制システムの構築の基本方針（取締役の職務の執行が法令及び定款に適合することを確保するための体制その他株式会社の業務の適正を確保するために必要なものとして法務省令で定める体制の整備）については、取締役会設置会社においては取締役会の専決事項とされ、代表取締役、代表執行役等に対し決定権限を委任することはできません（会社法362④六）。なお、当該決議の概要は事業報告の記載事項とされます。

② 監査役設置会社における内部統制システムの構築の基本方針

監査役設置会社においては、会社法第362条第4項第6号、第5項及び会社法施行規則第100条第1項、第3項で定める事項は、次のように規定されています。

Ⅰ 取締役の職務の執行が法令及び定款に適合することを確保するための体制（会社法362④六）（コンプライアンス）

Ⅱ その他株式会社の業務の適正を確保するために必要なものとして法務省令で定める体制の整備（会社法施行規則100）

（内部統制）
1 取締役の職務執行に係る情報の保存・管理（第1項第1号）
2 損失の危険の管理に関する規定その他（第1項第2号）（リスク管理）
3 取締役の職務執行が効率的に行われることの確保（第1項第3号）（効率性）

> 4　使用人の職務執行と法令等の適合（第1項第4号等）（コンプライアンス）
> 5　企業集団における業務の適正を確保する体制（第1項第5号）（グループ内部統制）
>
> （監査体制）
>
> 6　監査役が補助すべき使用人を求めた場合の体制（第3項第1号）
> 7　当該使用人の独立性に関する事項（第3項第2号）
> 8　監査役会又は監査役への報告体制（第3項第3号）
> 9　その他監査役監査の実効性確保の体制（第3項第4号）

③　委員会設置会社における内部統制システムの構築の基本方針

委員会設置会社においては、会社法第416条第1項ホ及び会社法施行規則第112条で定める事項は、次のように規定されています。

> Ⅰ　執行役の職務の執行が法令及び定款に適合することを確保するための体制（会社法416①ホ）（コンプライアンス）
> Ⅱ　その他株式会社の業務の適正を確保するために必要なものとして法務省令で定める体制の整備（会社法施行規則112）
>
> （内部統制）
>
> 1　執行役職務執行に係る情報の保存及び管理に関する体制（第2項第1号）
> 2　損失の危険の管理に関する規定その他の体制（第2項第2号）（リスク管理）
> 3　執行役の職務執行が効率的に行われることを確保するための体制（第2項第3号）（効率性）
> 4　使用人の職務執行が法令及び定款に適合することを確保するための体制（第2項第4号）（コンプライアンス）
> 5　当該株式会社並びにその親会社及び子会社から成る企業集団における業務の適正を確保するための体制（第1項第5号）（グループ内部統制）
>
> （監査体制）
>
> 6　監査委員会の職務を補助すべき取締役及び使用人に関する事項（第1項第1号）
> 7　前号の取締役及び使用人の執行役からの独立性に関する事項（第1項第2号）
> 8　執行役及び使用人が監査委員会に報告をするための体制その他の監査委員会への報告に関する体制（第1項第3号）
> 9　その他監査委員会の監査が実効的に行われることを確保するための体制（第1項第4号）

④　大会社における義務付け

大会社については、①の内部統制システムの基本方針の決定を義務付けるものとされました（会社法362⑤）。これにより大会社は、内部統制システムの構築の基本方針を会社法施行後最初の取締役会で決議しなければなりません（会社法整備経過措置法令14）。

⑹ 取締役会の書面決議

　取締役会の運営方法については、旧商法上、明文規定はありませんでした。解釈上、テレビ会議や電話会議方式等全員が相互に自由に意見を交換できるのであれば、認められると考えられていましたが、書面決議（持ち回り決議）は、自由に意見の交換ができないため、認められないと解するのが一般的な見解でした。しかし、実務界から、「企業活動の国際化に伴って外国に居住する取締役も増加している状況等から、機動的な会社経営の実現のため、これを認めるべきである」という要望がありました。

　そこで会社法では、取締役会の決議の目的である事項につき、各取締役が同意をし、かつ、業務監査権限を有する監査役が設置されている場合には各監査役が特に意見を述べることがないときは、書面又は電磁的方法による決議をすることができる旨を定款で定めることができることになりました（会社法370）。

　ただし、代表取締役等による取締役会への定期的な業務執行状況の報告に関する取締役会（会社法36②）については、書面決議が実施できず、実際に開催しなければなりません（会社法372②）。

⑺ 取締役等に係る登記

① 共同代表取締役制度の廃止

　共同代表取締役の制度は、代表権の濫用を権限行使の方法の面から相互に牽制させるための制度ですが、これにどの程度の必要性があるかは疑問であるとの指摘があり、共同代表取締役の登記も稀であることから、廃止されることになりました。

　共同代表執行役及び共同支配人の制度も廃止されました。

② 社外取締役等

　社外取締役とは、「株式会社の取締役であって、当該株式会社又はその子会社の業務執行取締役（株式会社の会社法第363条第1項各号に掲げる取締役及び当該株式会社の業務を執行したその他の取締役をいう。以下同じ。）若しくは執行役又は支配人その他の使用人でなく、かつ、過去に当該株式会社又はその子会社の業務執行取締役若しくは執行役又は支配人その他の使用人となったことがないもの」をいいます。

　平成13年の商法改正により、社外取締役については、定款の定めに基づく契約の方法による責任制限等が認められたことに伴い、社外取締役である旨が登記事項とされました。しかし、社外取締役である旨について一律に登記事項とする必要性は乏しいという指摘があり、また、会社や当事者に当該取締役が形式的に社外取締役の要件に該当するとの意識がない場合であっても登記義務が課せられる結果、特に中小企業において登記懈怠の状態となっている例が少なくないという指摘がありました。

　このため、会社法では、「責任限度額をあらかじめ定める契約を締結した社外取締役、委員会設置会社及び特別取締役制度の導入」という社外取締役の存在が法律上の

株式会社・有限会社はこう変わった

要件とされている制度を採用する場合にだけ、その旨を登記事項とし（会社法911）、それ以外の株式会社の社外取締役については、その旨が登記事項から削除されました。

　登記事項から削除されても、社外取締役等に関する事項については、株主総会参考書類及び事業報告（会社法301①、435②）の記載事項とする等の措置が講じられました。

⑻　取締役の責任について
①　総論
イ　取締役の会社に対する各種の責任における委員会等設置会社の場合と、それ以外の株式会社の場合との間における規定の調整

　旧商法第266条第1項において委員会等設置会社以外の株式会社の取締役の会社に対する責任と委員会等設置会社における取締役及び執行役の責任を比較すると次表のとおりであり、両者において取締役の責任に差異が生じており、委員会等設置会社以外の会社において相対的に重い責任となっていました。

旧法における取締役の責任の差異

旧商法第266条第1項	委員会等設置会社以外	委員会等設置会社
①違法配当（第1号）	無過失責任	過失責任
②違法な利益供与（第2号）	無過失責任	無過失責任
③金銭貸付（第3号）	無過失責任	過失責任
④利益相反取引（第4号）	無過失責任	過失責任
⑤法令・定款違反（第5号）	過失責任	過失責任

　このため、会社法では、委員会設置会社以外の会社の取締役の会社に対する責任について、従来の無過失責任規定を見直し、原則として過失責任として構成するとともに、委員会設置会社の取締役等の会社に対する責任についても必要な調整が行われました（会社法423）。

　会社法案の審議の過程で、特定の株主に対する利益供与に関する取締役の責任について、過失責任とするのは適当でないとの意見が出され修正された結果、利益供与に直接関与した取締役等は無過失責任となっています。

ロ　取締役の責任全般につき、旧商法第266条第2項に相当する規定は設けない

　旧商法では、取締役が法令・定款に違反する行為を取締役会の決議に基づき行った場合、当該決議に賛成した取締役は、その行為をしたものとみなされていました（旧商法266②）。そもそも旧商法第266条第2項の規定は、取締役の責任が無過失責任である場合に意味が明確であるものの、過失責任であれば、その意味が不明瞭となってしまいました。

　このため、会社法では、取締役の責任全般につき、みなし規定に相当する規定は設

けられないこととなりました。しかし、利益相反取引に関する取締役又は執行役の責任についてのみ、取締役会に賛成した者を、任務を怠ったものと推定する規定は設けられています（会社法423③三）。

② 任務懈怠責任

　旧株式会社における取締役は、それ自体では機関としての性格を有さず、取締役会の構成メンバーの１人として位置付けされるにとどまり、業務執行権限を有するためには、取締役会において、代表取締役又は業務担当取締役（旧商法260③二）として選任されることが必要でした。会社法において、取締役会が設置されない株式会社における取締役は、各取締役が業務執行権限を有し、原則として各自が会社を代表する権限を有することになります。

　このような取締役の法的な位置付けの差異にかんがみ、取締役会が設置されない株式会社の取締役の任務懈怠責任は次のとおりとされますが、会社法の条文においては、役員等の責任免除に関する規定は取締役会の設置の有無で区分されていません（会社法423～427）。

●取締役会が設置されていない株式会社の取締役の任務懈怠責任

・取締役の任務懈怠責任について一部免除制度を設ける（会社法425、426、427）。
・一部免除の限度額は、原則として報酬等の６年分を限度とする（会社法425①一イ）。
・取締役を複数設置した場合、株式会社を代表すべき取締役を設けたときは、それ以外の取締役の一部免除の限度額は、報酬等の４年分を限度とする（会社法425①一ロ）。
・定款である取締役につき株式会社の業務を執行しない旨を定めた場合、当該取締役が社外取締役の要件に該当するときは、一部免除の限度額を報酬等の２年分を限度とする（会社法425①一ハ）。
・取締役を複数設置し、かつ、業務監査権限を有する監査役を設置している場合には、定款の定めに基づき、当該取締役以外の取締役の過半数の同意をもって、取締役の責任の一部免除をすることができる（会社法426）。
・事前の契約に基づき責任限度額をあらかじめ定める方法（旧商法266⑲等参照）も認める（会社法427）。

③ 利益相反取引に係る責任

イ　過失責任化

　旧法では、委員会等設置会社については、取締役会の承認を得てなされた利益相反取引によって生じた損害の会社に対する損害賠償責任について、過失責任規定が設けられていた（旧商法特例法21の21①）のに対し、委員会等設置会社以外の会社については無過失責任と解されていました。

　会社法では、これを見直し、株式会社（委員会設置会社を除く）の取締役について

も、過失責任とするものとされました（会社法423③）。ただし、自己のために株式会社と直接利益相反取引をした取締役については、無過失責任とされます（会社法428）。

> （注） 取締役に対する金銭の貸付に係る弁済責任（旧商法266①三）については、委員会等設置会社以外の株式会社においても、委員会等設置会社の場合と同様、他の利益相反取引と区別することなく取り扱われています。

ロ　一般の任務懈怠責任との関係

　委員会等設置会社においては、取締役会の承認を得てなされた利益相反取引によって生じた損害の会社に対する損害賠償責任は、過失責任とされているものの、一般の任務懈怠責任に関する規定である旧商法特例法第21条の17とは別に、特別の規定が設けられていました（旧商法特例法21の21）。また、取締役会の承認を得ないでなされた利益相反取引によって生じた損害についての会社に対する損害賠償責任については、一般の任務懈怠責任によることとされており、立証責任に関する特別の規定が設けられていませんでした。

　したがって、会社法では、一般の任務懈怠責任に関する規定に加え、取締役会の同意の有無にかかわらず、株式会社と利益相反取引をした取締役、間接取引により利益を受けた取締役、株式会社を代表した取締役並びに取締役会の決議に賛成した取締役については、旧商法特例法第21条の21と同様に、「職務を行うについて注意を怠らなかったことを立証しなければ、責任を免れることができない」という立証責任を転換した特別の規定が設けられました（会社法423③）。

ハ　免責決議の要件

　旧商法では、取締役会の承認を得てなされた利益相反取引によって生じた損害の会社に対する損害賠償責任の免除については、総株主の同意（旧商法266⑤）を要せず、株主総会の特殊の決議で免除することができることとされていました（旧商法266⑥：利益相反取引に関する取締役の責任は総株主の議決権の3分の2以上の多数をもって免除することを得る）。

　これは取締役の責任が無過失責任であることから、このように緩和された特別の取扱いが認められていましたが、委員会設置会社以外の会社についても無過失責任規定を見直し、過失責任化を図ることとする場合には、このような特別の取扱いを維持する必要性は乏しいため、廃止されました。この場合、責任を免除するには、一般の任務懈怠責任の場合と同様、責任の一部免除が認められる場合を除き、総株主の同意が必要となります（会社法424）。

　なお、委員会設置会社においては、取締役会の承認を得てなされた利益相反取引による損害の会社に対する損害賠償責任について、過失責任化が図られているものの、依然としてその免除について緩和された取扱いが認められていました（旧商法特例法21の21②：前項の規定により取締役又は執行役の負う義務は、総株主の議決権の3分の2以上の多数をもって免除することができる）が、これも廃止されました。

ニ　責任の一部免除

　利益相反取引による損害の会社に対する責任の性質を任務懈怠責任と位置付け、かつ、緩和された免責要件に関する規定も設けないこととする以上、一部免除制度の対象とするのが適当と考えられました（会社法425）。

　ただし、自己のために株式会社と直接に利益相反取引をした取締役については、一部免除は認められません（会社法428②）。

ホ　取締役会を設置しない株式会社における利益相反取引

　取締役会を設置しない株式会社は、有限会社タイプの機関設計を認めることとなりますが、旧法では、有限会社における取締役の利益相反取引については、社員総会の特別決議による認許が要求されていました（旧有限会社法30）。

　会社法では、株主総会の承認は特別決議ではなく、普通決議とされました（会社法356）。また、対会社責任では、取締役会を設置した株式会社と同様の取扱いがなされます。

ヘ　競業取引

　取締役会を設置しない株式会社における取締役の競業取引についても、上記ホと同様の取扱いとなります（会社法356①一）。

④　株主の権利行使に関する利益供与に係る責任

イ　過失責任化及び直接関与した者の無過失責任化

　この規定は、上場会社におけるいわゆる「総会屋」への利益供与の根絶を図ることを目的とした規定ですが、この規定に反して利益供与を行った取締役等については刑罰が科せられ（旧商法266①二）、この責任は無過失責任と解されていました。

　しかし、会社法では、違法な利益供与に関与した取締役、執行役は、従来と同様に無過失責任であり、それ以外の利益供与行為に直接に関わっていない取締役等について過失すら認められない場合というのは想定し難く、過失責任化を図ることとした場合であっても不当に取締役等の責任を免れさせることになるとは考えにくいため、過失責任とされました。ただし、取締役は、自己の無過失を立証しなければその責任を免れることができないものとされています（会社法120④）。

ロ　供与額の弁済責任を負うべき者の範囲

　旧商法では、株主の権利行使に関する利益供与に係る弁済責任について、旧商法第266条第2項・第3項により、実際に利益供与を行った取締役等だけでなく、利益供与に関する取締役会決議に関与した取締役もこの特別の責任の対象とされていました。

　そこで、会社法では、利益供与をした取締役に加え、取締役会の決議に賛成した取締役についても、供与された額について弁済責任を負うべきものとされました（会社法120④）。利益の供与に関して責任をとるべき取締役等の範囲については、会社法施行規則第21条で規定されています。

(9) 株主代表訴訟

会社法では、株主代表訴訟の関係では、次の3つの改正が行われました。

① 株主代表訴訟を提起することができない場合

当該訴えの提起につき、当該株主が自己もしくは他人の不正な利益を図り、又は会社に損害を加える目的を有する場合には、株主代表訴訟に係る訴えの提起はできません（会社法847①但書）。

なお、当初の会社法案においては、当該訴訟の追行により、会社の正当な利益が著しく害されること、会社に過大な費用の負担が生ずることその他これに準ずる事情が生ずることが相当の確実さをもって予測される場合も、株主代表訴訟を提起することができないとされていましたが、審議の過程で「過大な負担」の文言が曖昧であり、株主の権利が侵害されるおそれがあること、会社の費用負担が事前に予想されたとしても、経営陣の責任を追及しなければならないような事態も想定されるという意見があり、この部分については削除されました。

② 不提訴理由の通知

株式会社が株主から取締役の責任について提訴請求を受けた場合において、60日以内に責任追及等の訴えを提起しなかったときは、当該株式会社は、当該株主又は取締役の請求により、遅滞なく、当該株主又は取締役に対し、訴えを提起しなかった理由を、書面（不提訴理由書）をもって通知しなければなりません（会社法847④）。

③ 株式交換・株式移転による原告適格の喪失の見直し等

完全子会社となる会社につき係属中の株主代表訴訟の原告が、株式交換・株式移転により完全子会社となる会社の株主たる地位を喪失する場合であっても、当該株式交換・株式移転により完全親会社となる会社の株主となるときは、当該原告は、当該株主代表訴訟の原告適格を喪失しないものとなりました（会社法851①一）。

合併の消滅会社につき係属中の株主代表訴訟の原告が、合併により消滅会社の株主たる地位を喪失する場合であっても、当該合併により存続会社等の株主となるときは、当該原告は、当該株主代表訴訟の原告適格を喪失しないことになりました（会社法851①二）。

4 監査役はこう変わった

(1) 監査役の権限について

　旧法では、監査役は、株式会社のうち商法特例法上の小会社以外の会社については「業務監査」及び「会計監査」の権限を併せて有していますが、小会社及び有限会社については、会計監査の権限のみを有していました。

　会社法では、監査役は、原則として業務監査権限及び会計監査権限を有するものとされています（会社法381）。ただし、株式譲渡制限会社のうち監査役会を設置する株式会社又は会計監査人を設置する株式会社以外の株式会社においては、定款をもって、監査役の権限を会計監査のみに限定することができることとされました（会社法389①）。

　監査役について格別の資格を要求されておらず、中小企業においては専門的知識が要求される会計監査よりもむしろ業務監査の方がふさわしいということで、原則としてすべての監査役が業務監査権限を有することとし、一方で、会計監査に権限が限定された監査役も認めるべきという中小企業団体の強い主張により、例外的に会計監査のみの権限を有する監査役も認めることとされました。

　ただし、監査役が会計監査権限のみを有する株式会社（委員会設置会社を除く）においては、株主が実質的に監査役の役割を果たすため、次のように株主権が強化されます。

> ①　株主は、裁判所の許可を得ることなく、株式会社の営業時間内はいつでも取締役会議事録を閲覧することができる（会社法371②）。
> ②　株主は、取締役が株式会社の目的の範囲内にない行為又は法令・定款に違反する行為を行う場合又はこれらの行為をするおそれがあると認めるときは、取締役会の招集を請求することができる。また、一定の場合には、自ら取締役会を招集することができる（会社法367①）。
> ③　株主は、自己の請求又は招集により開催された取締役会に出席し、意見を述べることができる（会社法367④）。
> ④　定款に基づく取締役の過半数の同意（取締役会を設置する場合は取締役会の決議）による取締役等の責任の一部免除制度を適用しない（会社法426①）。
> ⑤　取締役は、株式会社に著しい損害を及ぼすおそれのある事実を発見した場合には、株主に報告しなければならない（会社法357①）。
> ⑥　株主は、取締役が法令・定款に反する行為をし、又はこれらの行為をするおそれがある場合において、その行為によって会社に著しい損害が生じるおそれがあるときは、その行為をやめることを請求することができる（会社法360①②）。

監査役の権限

【旧法】

	業務監査	会計監査
大会社	あり	あり
中会社	あり	あり
小会社	なし	あり
有限会社	なし	あり

【会社法】

		業務監査	会計監査
公開会社		あり	あり
非公開会社	監査役会設置会社	あり	あり
	会計監査人設置会社	あり	あり
	それ以外（注）	なし	あり

（注）定款をもって監査役の権限を会計監査のみに限定可能。

(2) 補欠監査役等

旧法では、補欠監査役の予選に関する規定は整備されていませんでした。ただし、法務省の見解として、定款の定めがある場合に予選を認め、その効力は次期定時株主総会までとされていました（平成15年4月9日　民商第1078号民事局商事課長回答）。

これに対して、定款の定めの要否及び予選の効力を次期定時株主総会までではなく、被補欠監査役の任期満了のときまでとすることが検討されていました。

その結果、会社法では、選任のための定款の定めは必要とはしないが、選任決議の有効期間は、定款に別段の定めをする場合を除き、選任後最初に到来する定時株主総会のときまでとすることが明確化されました（会社法329②、会社法施行規則96③）。

(3) 2人以上の監査役を設置する場合

監査役会を設置していない株式会社で2人以上の監査役を設置する場合には、旧法で監査役会の同意又は決議を要するものとされている事項については、監査役の過半数の同意を要するものとされました（会社法343①）。

5　会計参与とは

会社法では、株式会社の機関に「会計参与」が新設されました。会計参与とは、主として中小企業の計算書類の信頼性の向上を図るため、取締役と共同して計算書類を作成する会社の一機関です。

(1) 会計参与の設置

会社規模の大小、株式譲渡制限の有無、機関設計の方法によらず、すべての株式会社は、定款をもって会計参与を設置する旨を定めることができることとされました（会社法326②）。したがって、会計監査人と会計参与が併存することは認められます。

⑵ 会計参与の資格・選任

　会計参与になることができるのは、公認会計士（監査法人を含む）又は税理士（税理士法人を含む）に限ります（会社法333①）。

　会計参与は、株式会社又はその子会社の取締役、執行役、監査役、会計監査人又は支配人その他の使用人を兼務することができません（会社法333③）。会計参与は株主総会で選任され、任期や報酬等については取締役と同じ規定が適用されます。

⑶ 会計参与の職務

　会計参与は取締役・執行役と共同して計算書類を作成し（会社法374①）、株主総会での説明義務を有します（会社法314）。また、会計参与は株式会社とは別に公認会計士事務所や税理士事務所などで計算書類を5年間保存する必要があり（会社法378①）、株主や債権者は会計参与に計算書類の閲覧を請求することができます（会社法378②③）。

⑷ 会計参与の責任

　会計参与の会社及び第三者に対する責任については社外取締役と同じ規定が適用され、株式会社に対する責任については株主代表訴訟の対象となります（会社法423～427、429）。

⑸ 会計参与の登記

　会計参与を設置した旨及び会計参与の氏名又は名称を登記する必要があります（会社法911③十六）。

　会計参与の職務内容をまとめると、次のようになります。

会計参与の職務内容

項　目	内　　容
資　格	公認会計士、監査法人、税理士、税理士法人のみに限定
選　任	株主総会で選任
任　期	取締役と同様、選任後2年以内の最終の決算期に関する定時総会終結のときまで
職　務	取締役と共同で計算書類を作成する
権　限	会計に関して報告を求め、調査する権限
義　務	・株主又は監査役等へ報告する義務 ・計算書類承認等の取締役会へ出席し、意見を陳述する義務 ・株主総会において説明する義務 ・計算書類の備置等の義務
責　任	任務懈怠の場合には、それによって生じた損害を賠償する責任がある。ただし、総株主の同意があれば、責任の免除は可能であるが、善意で重過失がない場合には、社外取締役と同様（報酬の2年分までの賠償責任）

	に限定される。また、株主代表訴訟の対象となる。
兼　務	会社又は子会社の取締役、執行役、監査役、会計監査人又は支配人、その他の使用人を兼ねることができない

> **コラム**：会計参与が拠りどころとする会計基準
>
> 　日本公認会計士協会、日本税理士会連合会、日本商工会議所及び企業会計基準委員会が、中小企業の会計に関する指針の統合化を行い、「中小企業の会計に関する指針」を公表しました。これにより、会計参与が計算書類を作成する場合の規範が明確化されました。内容としては、大企業向けの会計基準を簡便化しています。
>
> 　従来であれば、税務上の処理を中心とした会計処理で問題なかったわけですが、会計参与導入後は強制ではないものの、「中小企業の会計に関する指針」に従って、会計処理を実施せざるを得なくなります。その際、これまで、含み損であったものが、会計上の損失として顕在化させざるを得ないこともあります。

6　会計監査人はこう変わった

(1)　会計監査人の任意設置の範囲

　旧法では、商法特例法上の大会社については会計監査が強制されており、中会社でも委員会等設置会社又は監査役会設置会社の機関設計を選択した会社は、会計監査人を任意で設置することができました（みなし大会社）。

　会社法では、このみなし大会社制度を廃止し、大会社以外の株式会社については、定款をもって、会計監査人を任意に設置することができることとされました（会社法326②）。

(2)　会計監査人の欠格事由 （会社法337③）

　旧法では、監査法人の社員の中に１人でも業務停止処分を受けその停止期間を経過していない者があれば、その監査法人全体が会計監査人となることができませんでした。この会計監査人の欠格事由は、多数の社員を抱える監査法人にとって、あまりにも酷な規定であるという指摘が従来なされてきました。

　このような指摘を受けて、会社法ではその欠格事由の規定が削除され、代わって、公認会計士法の規定による欠格事由によることとされました。ただし、公認会計士法においても、監査法人の社員の中に業務停止処分を受けその停止期間を経過しない者がいる場合、内閣総理大臣はその監査法人に戒告、業務停止、解散等の措置を講ずることができます。

⑶　会計監査人の報酬

　旧法では、会計監査人の報酬については監査役会又は監査委員会の関与の必要はなく、実務的には代表取締役又は代表執行役が会計監査人と交渉の上、会計監査人の報酬を決定していました。

　これについて、従来から代表取締役等経営者からの会計監査人の独立性を確保するため、監査役会又は監査委員会が会計監査人の報酬の決定権限をもつべきとの指摘がありました。

　会社法では、決定権限までは有さないものの、監査役会又は監査委員会に会計監査人の報酬の決定に関する同意権限が付与されました（会社法399）。

⑷　会計監査人の株式会社に対する責任

　旧法では、会社に対する会計監査人の責任は代表訴訟の対象とはされていませんでした。これについて、外部監査の重要性の認識が高まってきている昨今、会計監査人の社会的責任は重く、会計監査人に対して会社が責任追及を懈怠した場合に備えて、会計監査人の会社に対する責任について株主代表訴訟の対象とすることが必要との指摘がなされていました。その場合に、会計監査人の責任がどの程度となるかも併せて議論されていました。

　会社法では、会計監査人の会社に対する責任については、株主代表訴訟の対象とされました（会社法847）。一方で、責任の範囲については、任務懈怠による株式会社に対する損害賠償責任の全額免除は、総株主の同意が必要とされ、一部免除については、社外取締役と同様に、一部免除制度が導入され、具体的には、賠償責任を負う金額から、報酬の2年分の金額を控除した額を限度として、株主総会の決議により免除することができることとなりました（会社法425）。

⑸　会計監査人が不適法意見を述べる場合等の措置

　旧法では、会計監査人が不適法意見を述べている場合、計算書類は取締役会の承認では確定せず、株主総会の承認を要することとされていました。

　これについて、会計監査人が不適法意見を述べている以上、その旨を決算公告で債権者等利害関係者に開示する必要があるのではないかとの指摘がなされてきました。

　会社法では、決算公告の内容については法務省令（会社計算規則164）に委任しています（会社法440①）。

⑹　会計監査人の登記

　旧法では、会計監査人の登記に関する規定はありませんでした。

　会社法では、会計監査人を設置した旨、及び会計監査人の氏名又は名称が登記事項

となりました（会社法911③十九）。

7　その他

(1)　重要財産委員会制度について

　旧法の重要財産委員会制度については、①監査役全員の出席義務があるため機動的な開催の障害となっていることによる出席義務の緩和、②取締役数が10人以上という設置要件の緩和、③重要財産委員会に決定を委任できる範囲の拡大の要望が実務界からありました。その結果、会社法では、次のように重要財産委員会は廃止され、特別取締役制度（会社法373）として再構築しました。

　旧法では、取締役会とは別の機関として重要財産委員会を設置することになっていましたが、会社法では、取締役会の中に取締役会の決議要件の特則に係る制度を設けて、重要な財産の処分又は譲受等についての取締役会決議については、取締役会があらかじめ選定した3人以上の取締役（特別取締役）のうち議決に加わることができるものの過半数が出席し、その過半数をもって行うことができる旨を定めることができることとされています（会社法373）。

　その特則の制度によることができる株式会社は、次の要件を満たす必要があります（会社法373①一、二）。

　①　取締役の数が6人以上であること。
　②　取締役のうち1人以上が社外取締役であること。

　また、監査役会の決議又は監査役の互選によりその取締役会に出席すべき監査役を定めたときは、その定められた監査役以外の監査役は出席義務を負わないものとし（会社法383）、監査役の出席義務も緩和されました。

(2)　委員会設置会社における使用人兼務取締役等

　旧法では、委員会等設置会社において、取締役と執行役の兼任は認められています。執行役と使用人の兼務についても一般的に認められていましたが、さらに使用人兼務執行役が取締役を兼ねることができるかどうかが問題とされてきました。

　会社法では、委員会設置会社においては、監督と執行の分離の観点から、取締役が使用人を兼務することはできないものとされました（会社法331③）。

　また、旧法では、報酬委員会は、使用人兼務執行役の執行役分の報酬を決定しますが、使用人分の給与については執行役が決定することになっていました。

　これについて、執行役のすべての報酬を報酬委員会で決定することにより取締役会の監督機能の強化を図るという目的からは疑問視されていました。

　会社法では、それらを受けて、使用人兼務執行役の使用人分の給与についても、報

酬委員会が決定することとされました（会社法404③）。

4 株式・新株予約権・新株予約権付社債についての改正

1 株式の内容と種類について

　会社法では、株主は、剰余金の配当を受ける権利、残余財産の分配を受ける権利、株主総会における議決権を基本的に有し、剰余金の配当を受ける権利及び残余財産の分配を受ける権利の全部の権利を与えない旨の定款の定めは、無効となります。

　また、各株式の権利として、その権利内容は同一を原則としていますが、その例外として、一定の範囲と条件のもとで、①すべての株式の内容が均一である場合において、均一な内容の中味として特別なものを定めること、②権利内容の異なる複数の種類の株式の発行を認めています。

	すべての内容（会社法107）	種類株式（会社法108）
譲渡制限	○	○
株主から会社への取得請求	○	○
会社による強制取得	○	○
剰余金の配当	―	○
残余財産の分配	―	○
議決権制限	―	○
全部強制取得	―	○
拒否権付き	―	○
取締役、監査役の選解任	―	○

　仮に普通株式のみを発行している会社が、上記の権利内容に変更するための手続は、以下のようになります。

	すべての内容	種類株式
譲渡制限	（特殊決議）（会社法309③）	（特殊決議）（会社法111②）
株主から会社への取得請求	（定款変更特別決議）	（特別決議）
会社による強制取得	（株主全員の同意）（会社法110）	（株主全員の同意）（会社法110）
剰余金の配当	―	（特別決議）
残余財産の分配	―	（特別決議）

議決権制限	—	（特別決議）(会社法108②三、309②十一、466)
全部強制取得	—	（特別決議）
拒否権付き	—	（特別決議）
取締役、監査役の選解任	—	（特別決議）

(注) すべての内容については普通株式のまま決議できますが、種類株式とするためには、普通株式の他に別な種類の株式を発行し、その後、普通株式を上記の決議により、種類の変更を実施することになります。

2　旧商法における種類株式と会社法における種類株式

(1)　株式の消却と株式の取得の関係

　株式の消却とは、株式を物理的に消滅させることをいいますが、旧商法では、①すでに取得した自己株式を取締役会の決議による消却する方法（旧商法212①）と、②株主が有する株式を、会社が自己株式として取得せず、直接消却すること（旧商法213、222①四）との二つの消却の概念がありました。自己株式の取得と、株主が有する株式を消却することは、株主から見れば、株式と引き換えに対価を得ることになるため、その本質は同一です。

　したがって、会社法では、②の直接消却の規定は削除され、自己株式の消却という概念に一本化されました（会社法178）。

(2)　株式の転換と株式の取得

　株式の転換については、旧商法では、転換予約権付株式（株主が転換請求権を有する旧商法222ノ2）と強制転換条項付株式（会社が転換権を有する旧商法222ノ8）とが存在していました。これらは、ある種類株式が消滅し、他の種類株式が発行されたのと同一の効力を有しています。

　会社法では、株式の消却については、株式会社が自己株式を取得し、これを消却する場合に限定したため、転換についても、①ある種類株式を会社が取得し、②他の種類株式を会社が発行することとして整理しました。

(3)　旧商法における種類株式と会社法における種類株式

　会社法においては、株式の消却と株式の転換概念を上記(1)と(2)のように整理したことにより、種類株式については、次のように整理されました。

　買受株式（旧商法222①三）と償還株式（旧商法222①四）は区分されずに、株式会社による取得に関して定めのある株式として整理されました。

　具体的には、株主の請求により株式会社が償還（又は買入れ）することとされてい

るもの（いわゆる義務償還株式）は、会社法においては、取得請求権付株式のうち、取得の対価が金銭であるものとして、構成されることになります。

　また、株式会社の決定により償還する強制償還株式については、会社法では、取得条項付株式のうち、取得の対価が金銭であり、株式会社が別に定める日が到来することをもって取得の事由と定めているものとして構成されています。

　また、転換予約権付株式は、取得請求権付株式のうち、取得の対価が株式であるものとして構成され、強制転換条項付株式は、取得条項付株式のうち、取得の対価が株式であるものとして構成されています。

(4) 種類株式の内容についての定款記載事項の委任

　会社法において、種類株式の内容に係る定款記載事項について、その要綱を定款で定めておけば、そのうちの全部又は一部については、株主総会（取締役会設置会社では株主総会又は取締役会）の決議に委任することが可能とされました（会社法108③）。

3　譲渡制限株式について

(1) 総論

　株式市場に株式を公開している会社は、株主の個性は問題になりませんが、同族会社のような株主の個性が問題となる社会ニーズに応えて、会社法では、定款で定めることを条件として、すべての株式又は一部の種類の株式について、その譲渡につき会社の承認を必要とするという形で株式の譲渡を制限することが認められています。

(2) 一部の種類の株式についての譲渡制限

　旧商法上、株式の譲渡制限制度は、会社としてその株式の譲渡に制限を設けるかどうかという会社自身の性質を決める制度として規定されており、一部の種類の株式についてのみ定款による譲渡制限ができるか否かについては、可能とする見解もありましたが、それを行った場合の解釈上の不明確性についても、指摘されていました。

　平成13年11月の商法改正により、種類株式の内容が柔軟に設計できるようになったこともあり、たとえば、普通株は、市場において取引されるが、優先株のみに譲渡制限を設ける等の実務界からの要請がありました。

　したがって、会社法では、定款をもって、一部の種類の株式の譲渡については、譲渡制限を要することを定めることができることになりました（会社法108①四）。譲渡制限株式は、株主間の譲渡においても、原則として承認を要するものとし、承認機関は株主総会（取締役会を設置する株式会社にあっては、取締役会）とされました（会社法139①本文）。

なお、定款で次の事項を定めることは、妨げないものとされました（会社法139）。

① 株主間の譲渡や特定の属性を有するものに対する譲渡など、一定の場合において、承認したものとみなしたり、承認権限を代表取締役に委任すること
② 譲渡を承認しない場合において、先買権者の指定の請求があったときの先買権者をあらかじめ指定しておくこと
③ 取締役会を設置する株式会社において、承認機関を株主総会や代表取締役とすること

上記をまとめると、次のとおりです。また、有限会社に認められていた制度が以下のとおり採用されています。

項目	従来	改正後
承認機関	取締役会	取締役会 又は株主総会（取締役会がない場合）（定款の定めにより、取締役会がある場合でも株主総会としたり、代表取締役とすることも可能）
株主間譲渡	譲渡承認が必要	譲渡承認不要とすることや承認権限を代表取締役に委任することも可能（定款に定めが必要）
特定の属性を有するものへの譲渡		
先買権者の指定	あらかじめ指定できない	あらかじめ指定も可能（定款に定めが必要）

(3) 種類株式の発行後に譲渡制限の定めをする場合

旧商法上、定款に譲渡制限の定めのない会社が譲渡制限の定めを設ける場合には、株主総会の特殊決議（総株主の過半数以上の出席、かつ総株主の議決権の3分の2以上の多数）が必要となり（旧商法348）、反対する株主には、買取請求権が与えられていました（旧商法349）。また、新株予約権を発行している場合（新株予約権付転換社債に付されたものを含む）には、そもそも株式譲渡制限の定めをすることはできないとされていました。

会社法では、種類株式発行後にその種類株式だけに譲渡制限の定めを設ける定款変更決議をするためには、譲渡制限の定めを設ける種類株式に係る種類株主総会並びにその種類の株式を取得の対価とする取得請求権付株式（旧商法の転換予約権付株式）及び取得条件付株式（旧商法の強制転換条項付株式）の種類株主総会の決議を要することになりました（会社法111②）。この決議は、特殊決議（その種類総株主の半数以上、かつその種類総株主の議決権の3分の2以上の多数）が必要であり（会社法324②一）、この決議に反対する種類株主とその種類株式の新株予約権者には、買取請求権

が付与されています（会社法116①二）。

以上をまとめると、以下のとおりです。

項　目	従　来		改　正　後
決議機関	明文規定なし	→	譲渡が制限される種類株式の株主総会（※）
決議要件	同上		種類株主の半数以上かつ議決権の3分の2以上
反対株主の保護	同上		買取請求権を付与
未行使の新株予約権がある場合	譲渡制限を設けることは不可		譲渡制限を設けることが可能（☆）

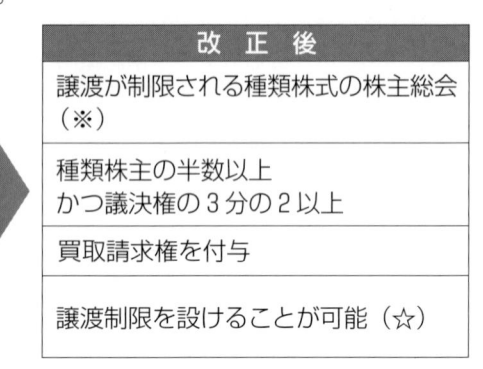

（※）譲渡が制限される種類株式を取得の対価とする取得請求権付及び取得条項付株式の種類株主総会を含む。
（☆）保護手続として新株予約権者に買取請求権を付与。

　なお、特殊決議については、定款でその種類株式の種類株主総会の決議を必要とする事項に定めないことで、その種類株主総会決議を要しないとすることができると考えられます（会社法111②但書、108②八）。

(4) 譲渡制限の定めがある株式を発行する場合

　取締役会を設置する株式会社において、一部の種類の株式について、譲渡制限の定めがある場合における株式の発行は、原則として、取締役会の決議が必要となります（会社法201①）。しかし、譲渡制限のある株式の発行は、定款で当該種類株式に対する株主割当てを取締役の決定（取締役会設置会社では、取締役会）によってすることができる旨を定めている場合における当該種類株式の発行を除き、当該種類株式に係る種類株主総会の決議を要するものとなっています（会社法199④）。

　以上を表にまとめると、次のとおりです。

新株の種類	承認手続
譲渡制限がない他の株式	取締役会（※）
譲渡制限がある種類株式	種類株主総会（定款の定めがあれば取締役会も可）

（※）有利発行の第三者割当ては株主総会特別決議（従来どおり）。

4　取得請求権付株式、取得条項付株式について

(1) 取得請求権付株式

　取得請求権付株式とは、株主がその株式について、会社に取得を請求できる株式をいいます。

取得請求権は、すべての株式、一部の種類株式どちらにも設定が可能です。

① すべての株式を取得請求権付株式とする場合

　この場合は、1）取得請求権付株式である旨、2）取得の対価（株式・新株予約権・社債・新株予約権付社債・その他（現金等）に区分する）、3）請求期間を定款で定めます（会社法107②二）。

② 一部の種類株式を取得請求権付株式とする場合

　この場合は、上記①の1）から3）の項目に加え、取得の対価として、その会社の他の株式を交付する場合は、種類、数、算定方法を定款で定めます（会社法108②五）。

　取得請求権付株式の株主は、株式会社に対して、その株主の有する取得請求権付株式の取得を請求できます。ただし、取得請求権付株式を取得するのと引き換えに一定の財産を交付する場合において、これらの財産の帳簿価額が請求の日における剰余金の分配可能額を超えているときは、この限りではありません（会社法166①）。

(2) 取得条項付株式

　取得条項付株式とは、会社が一定の事由が生じたことを条件としてその株式を取得することができる株式をいいます。取得条項は、全部の株式について定めることも、一部の種類株式についてのみ設定することも可能です（会社法107①三、108①六）。

① すべての株式を取得条項付株式とする場合

　この場合には、1）取得条項付株式である旨と取得事由、2）別に定めた日の到来を取得事由とする場合は、その旨、3）株式の一部の取得をする場合には、その旨と取得の対象となる株式の決定方法、4）取得の対価（株式・社債・新株予約権・新株予約権付社債・その他現金等）を定款で定めます（会社法107②三）。

② 一部の種類株式を取得条項付株式とする場合

　この場合は、上記①の1）から4）の項目に加え、取得の対価として、その会社の他の株式を交付する場合は、種類、数、算定方法を定款で定めます（会社法108②六）。

　取得条項付株式を有償で取得する場合も、取得請求権付株式と同様の財源の制約があります。

5　全部取得条項付種類株式の取得について

　全部取得条項付株式とは、株主総会の特別決議により会社がその全部を取得することができる種類株式のことをいいます。

　旧商法においては、定款に基づかない強制消却については、減資に伴う場合のみが規定されていました（旧商法213①）。実務界からは、更生手続又は更生手続外で、総株主の同意ではなく、株主の多数決により実施可能な規定の導入が要望されていました。

会社法では、1種類の株式を発行する場合の100％減資は認められず、「2種類以上の株式を発行する株式会社」において、一の種類の株式の全部を会社が強制的に取得する場合のみが認められました。

つまり、2以上の種類の株式を発行する会社は、一の種類の株式すべてを株主総会の特別決議によって、強制的に有償又は無償で取得することができる定款規定を設けることができるようになりました（会社法171①、309②三）。これにより、新たに別の種類の株式を定款に定めた上で、発行済株式を全部取得条項付株式にする定款変更を行えば、発行済株式の全部を取得することが可能となると考えられます。結果、特別決議の手続だけで100％減資が可能となります。また、この強制取得を可能とする定款変更に反対する株主は、会社に対して、株式の買取を請求することができます（会社法116①二）。取得価格について、会社と株主間において合意できない場合には、株主は裁判所に対して、その株主の株式に係る取得価格の決定の申立てをすることができます（会社法117②）。

また、強制取得の価格に不服がある株主は、裁判所に対して、取得価格の決定の申立てをすることができます（会社法172①）。

一連の手続をまとめると、次のとおりです。

項　目	手続・条件
定　款	強制取得を可能とする定款変更が必要
反対株主の保護	株式買取請求権の付与、取得価格決定の申立て
強制取得時の手続	株主総会特別決議
強制取得時の価格	不服ある株主は裁判所に価格決定の申立てが可能

なお、株式発行後に全部取得条項を付するには、その種類株式の種類株主総会の特別決議が必要ですが、定款でその種類株式の株主総会の決議を必要とする事項に定めないことで、その種類株主総会決議を要しないとすることができると考えられます（会社法111②但書、108②八）。

6　議決権制限株式について

旧商法において、議決権制限株式は、発行済株式総数の2分の1を超えて発行することはできませんでしたが、有限会社においては、特に明文化された規定はなく、定款によって別段の定めをすることは、可能となっていました（旧商法222⑤、旧有限会社法39①）。

会社法では、株式譲渡制限以外の株式会社においては、議決権制限株式の発行済株式数が発行済株式総数の2分の1を超えてはならないことになりました（会社法115）。

一方、株式譲渡制限のある閉鎖会社について、議決権制限持分の発行限度がない有限会社に合致させる改正がなされましたので、株式譲渡制限会社には、議決権制限株式の発行数の制限はなくなりました。

これは、譲渡制限会社においては、持分の流通性を阻害することのないよう出資持分の均一性を一定限度確保すべきという要請や少数の者による会社支配の弊害を考慮する必要がないため、あえて制限する必要はないと考えられたことによります。

株式譲渡制限	従 来	改 正 後
あ り	発行済株式総数の2分の1以下	発行限度廃止
な し	同 上	従来どおり

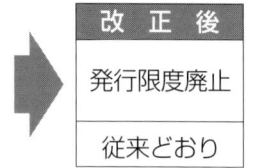

なお、株式譲渡制限のない会社で、2分の1の限度を超えて議決権制限株式を発行した場合、有効に発行し得るとした上で、その場合には直ちにその割合を2分の1以下とする措置をとらなければならないと明記されました（会社法115）。

7 自己株式について

(1) 総則（自己株式を取得できる場合）

会社法では、自己株式の取得ができる場合を次のように定めています（会社法155）。

> ①取得条項付株式の取得、②譲渡制限株式の取得、③株主総会決議等に基づく取得、④取得請求権付株式の取得、⑤全部取得条項付株式の取得、⑥株式相続人等への売渡請求に基づく取得、⑦単元未満株式の買取り、⑧所在不明株主の株式の買取り、⑨端数処理手続における買取り、⑩他の会社の事業の全部を譲り受ける場合にその会社が有する株式の取得、⑪合併消滅する会社からの株式の承継、⑫吸収分割をする会社からの株式の承継、以上のほか会社法施行規則で定める場合

なお、会社法施行規則（第27条）で定めた場合は、次のとおりです。

> ・その会社の株式を無償で取得する場合（無償取得の場合）
> ・その株式会社が有する他の法人等の株式について、他の法人等が剰余金の配当又は残余財産の分配により、その株式会社の株式の交付を受ける場合（配当等による自己株式の取得の場合）
> ・その株式会社が有する他の法人等の株式について、他の法人等が次の行為に際して、その株式と引換えに、その株式会社の交付を受ける場合（組織変更、合併、株式交換、取得条項付株式の取得、全部取得条項付種類株式の取得）
> （組織再編にともなって、自己株式を取得する場合）

- その株式会社が有する他の法人等の新株予約権等をその他の法人等が新株予約権の定めに基づき取得することと引換えにその株式会社の株式の交付をする場合において、その株式会社の株式の交付を受けるとき（新株予約権の引換えに、自己株式を取得する場合）
- 合併、会社分割、株式交換、株式移転等（会社法116⑤、469⑤、785⑤、797⑤、806⑤）に規定する株式買取請求に応じてその株式会社の株式を取得する場合（組織再編等に反対する株主からの買取請求権に応じて自己株式を取得する場合）
- 合併後消滅する法人等（会社を除く）からその株式会社の株式を承継する場合（会社以外の合併による自己株式の取得）
- 他の法人等の事業の全部を譲り受ける場合に、その他の法人等の有するその株式会社の株式を譲り受けるとき（事業譲渡に伴い自己株式を取得する場合）

コラム：自己株式の体系

会社法の自己株式の位置づけを理解するには、法律の目次の体系を理解する必要があります。株式会社の自己株式の取得は、次のように区分されています。

第2編　株式会社			
	第2章　株式		
		第4節　株式会社による自己の株式の取得	
			第1款　総則
			第2款　株主との合意による取得
			第1目　総則
			第2目　特定の株主からの取得
			第3目　市場取引等による株式の取得
			第3款　取得請求権付株式及び取得条項付株式の取得
			第1目　取得請求権付株式の取得の請求
			第2目　取得条項付株式の取得
			第4款　全部取得条項付種類株式の取得
			第5款　相続人等に対する売渡しの請求
			第6款　株式の消却

---

(2) 株主との合意による自己株式の取得

① すべての株主に申込機会を与えて行う取得（ミニ公開買付け）

従来では、自己株式は、市場取引又は公開買付けではなく、特定の株主から買い受けることも可能でした。しかしながら、特定の株主からの自己株式の取得を無制限に

認めた場合、他の株主に不利益が発生するおそれがあることから、特定の者から株式を買い受ける場合、通常の取得の場合に必要な決議内容（次の定時株主総会終結の時までに取得する自己株式の種類、総数及び取得価額の総額）に加えて、その売主について定時株主総会の特別決議が必要となっていました（旧商法210②二、⑤前段）。この決議を行うに当たっては、売主である株主は、当然議決権を行使できず、また、定足数にも算入されないこととされていました（旧商法210⑤後段、204ノ3ノ2③④）。

　特定の株主から買受けを行うことを認めた場合、たとえ株主総会の特別決議を求めたとしても、一部の少数株主に不利益が生じるおそれがありました。そこで、特定の者からの買受けについては、その議案の要領を定時株主総会の招集通知に記載し（旧商法210⑥）、かつ、特定の株主からの自己株式取得に関する議案を受け取った株主は、定時株主総会の5日前までに書面をもって取締役に対して、自らを売主として追加するように請求することができることとし（旧商法210⑦）、特定の株主のみに売却の機会を与えるという不平等がないように規制し、株主平等の原則をさらに担保するように一定の配慮がなされていました。

　しかし、この制度は、実務上、必ずしも使い勝手がいいという制度ではないとの批判もあり、会社法において改正され、株主総会の特別決議を経ることなく、自己株式を市場取引・公開買付け以外の方法で取得することができることになりました。

　つまり、株主総会（定時株主総会に限定されない）の普通決議により、有償取得する株式の数（種類株式の発行会社にあっては、株式の種類及び種類ごとの数）、株式を取得するのと引換えに交付する金銭等の内容及びその総額、株式を取得することができる期間（ただし、1年を超えない範囲）を決議し、具体的な内容の決定は、取締役（取締役会設置会社においては、取締役会）に授権可能となりました（会社法156、157）。

　取締役（取締役会設置会社は、取締役会）は、株主総会の決議後、取得する株式の種類・数・1株当たりの取得価額、取得請求期間、価額の総額などを具体的に決定した後、株主に対して通知又は公告します（会社法158）。

　株主は、提示された期間内に、取得を請求する株式の種類及び数を会社に通知して、株式の取得請求をすることになりました（会社法159①）。

　なお、株主からの請求により取得すべき株式数が、会社が予定する総数を超えた場合には、按分して取得することになります（会社法159②）。これは、会社からの株式買取通知に対して、株主が価格等を判断して応じることになるため、ある種の公開買付けと同様の手続となっています。

② 特定の株主からの取得

イ 特定の株主からの取得手続

　前記①は、すべての株主に申込みの機会を与えて実施する自己株式の取得ですが、特定の株主からの取得を決議し自己株式を取得することも可能です。

つまり、①の株主総会の決議においては、授権に係る自己株式の取得の際に、譲渡人となる株主を定めることができ（会社法160①）、株主が自己を譲渡人となる株主に加えることを請求することができるものとし（会社法160③）、その決議は、譲渡人となる株主以外の株主による特別決議によるものとされます（会社法309②二）。

イ）市場価格のある株式取得の特則

会社法第160条第2項及び第3項の規定（売主追加請求の手続）は、取得する株式が市場価格のある株式である場合において、当該株式1株を取得するのと引換えに交付する金銭等の額が当該株式1株の市場価格として法務省令（会社法施行規則28、29）で定める方法により算定されるものを超えないときは、適用されません。つまり、市場価格以下で取得する場合は、他の株主の利益を害するおそれがないため、売主追加請求の手続の対象外として取り扱われます。

ロ）相続人等からの取得の特則

会社法第160条第2項及び第3項の規定（売主追加請求の手続）は、株式会社が株主の相続人その他の一般承継人からその相続その他の一般承継により取得した当該株式会社の株式を取得する場合には、適用しません。ただし、次のいずれかに該当する場合は、この限りでありません（会社法162）。

1　株式会社が公開会社である場合
2　当該相続人その他の一般承継人が株主総会又は種類株主総会において当該株式について議決権を行使した場合

したがって、株式譲渡制限会社においては、相続人から自己株式の取得をするに当たり、相続人を除いた株主による特別決議があれば、他の売主の追加請求手続はなく、相続人に限定して、株式の取得ができることになります。

ハ）特定の株主からの取得に関する定め

株式（種類株式発行会社にあっては、ある種類の株式）の取得について、特定株主からの取得（会社法160①）をするときは、売主追加請求の手続（会社法160②③）の規定を適用しない旨を定款で定めることができます（会社法164①）。

また、株式の発行後に定款を変更してその株式について上記による定款の定めを設け、又はその定めについての定款の変更（定款の定めを廃止するものを除く。）をしようとするときは、その株式を有する株主全員の同意が必要です（会社法164②）。

特定の株主からの取得の場合、原則として株主に売主追加請求権が認められていますので、その権利を排除するためには、その株式を有する株主全員の同意が必要となっています。

ロ　子会社からの取得

株式会社がその子会社が保有する自社の株式を取得する場合には、取締役会設置会

社にあっては、取締役会で①の株主総会での決議事項、つまり、1）有償取得する株式の数（種類株式の発行会社にあっては、株式の種類及び種類ごとの数）、2）株式を取得するのと引換えに交付する金銭等の内容及びその総額、3）株式を取得することができる期間（ただし、1年を超えない範囲）を決議し、取得できます。

なお、取締役会非設置会社の場合には、株主総会となります。

③ 市場取引等による自己株式の取得

以上の手続の例外として、市場取引又は公開買付けにより、自己株式を取得する場合には、原則として、株主総会で会社法第156条第1項の事項（①有償取得する株式の数（種類株式発行会社にあっては、株式の種類及び種類ごとの数）、②株式を取得するのと引換えに交付する金銭等の内容及びその総額、③株式を取得することができる期間（ただし、1年を超えない範囲））を決議だけで、取得することができます。

また、あらかじめ定款に「取締役決議により自己株式を取得することができる」ことを定めれば、取締役決議で会社法第156条第1項の事項を決議すれば、取得することができます。

④ 相続人等に対する売渡請求

旧商法では、売買等の特定承継の場合については、定款で取締役会の承認を必要とする旨を定めることができますが、合併や相続等の一般承継に対する譲渡制限は、認められないと考えられていました。

会社法では、相続、合併等その他の一般承継により当該株式会社の譲渡制限株式を取得した者に対し、当該株式をその株式会社に売り渡すことを請求することができる旨を定款で定めることができるようになりました（会社法174）。

定款にこのような規定を定めた場合、会社は、売渡請求の都度、株主総会（特別決議が必要）において、請求する株式の数とその株式を保有する者の氏名又は名称を定めることが必要です（会社法175①）。また、一般承継があったことを知った日から1年を経過しないときに請求することが必要です（会社法176①）。

一般承継による株式の取得であっても、会社にとって好ましくない者が株主となるおそれがあることは、譲渡による移転と本質的に異なることはないと考えられるため、この規定が設けられました。

(3) 取得財源規制

平成13年6月の商法改正による自己株式取得解禁後は、株式数に関する規制はなく、取得できる自己株式の限度については、財源のみによる規制となっていました。

会社法では、株主に対する金銭等の分配（従来の利益の配当、中間配当、資本及び準備金の減少に伴う払戻し）及び自己株式の有償取得を「剰余金の分配」として整理して、統一的に財源規制が設けられることになりました。

財源規制は、具体的には、会社法第461条で規定されており、以下の場合には、株主に対して交付する金銭等の帳簿価額の総額は、その行為の効力が生ずる日における分配可能額を超えてはならないことになっており、財源規制があります。

- 譲渡承認請求に不承認で自己株式を取得する場合（会社法461①一）
- 子会社から、あるいは市場取引等での自己株式の取得の場合（会社法461①二）
- 自己株式の取得の場合（会社法461①三）
- 全部取得条項付種類株式の取得（会社法461①四）
- 相続人に対する売渡請求で自己株式を取得する場合（会社法461①五）
- 所在不明株主の株式を買い取る場合（会社法461①六）
- 端数株処理に応じて会社が取得する場合（会社法461①七）
- 剰余金の配当（会社法461①八）

8 株式の無償割当てについて

平成2年改正前においては、株式の無償交付は認められていましたので、優先株式に対して、普通株式を無償交付することは、当然可能でした。平成2年の改正により、株式の無償交付は株式分割の一態様に過ぎないという理由から、株式分割と2重の規定を置く必要はないと考えられ、一旦は削除されました。しかし、平成2年の改正から時間も経過していることもあり、優先株式の分割により普通株式が生ずるか否かという議論も散見されるようになりました。

そこで、会社法では、ある種類の株主にその有する株式数に応じて異なる種類の株式を無償で交付する制度が設けられました（会社法185、186）。これにより、株式分割は株主の有する株式数が分割割合に応じて一律に減少するもの、株式併合は併合割合に応じて一律に減少するものとして整理されました。また、株式併合の場合における「会社が発行する株式の総数」については、定款又は株主総会の決議により減少することを定めた場合にのみ減少するものとされます。

9 株主について

(1) 剰余金分配・議決権等に関する別段の定め

旧商法上、株式会社においては、一定事項について内容の異なる数種の株式を発行することも認められていましたが、その内容は限定されていました（旧商法222①）。一方、旧有限会社においては、議決権や利益の配当について定款で異なる内容を定めることも認められ、株式会社における種類株式の制度と異なり、社員の属性に基づく

定めも認められる点で、定款自治を広く認められていました（旧有限会社法47、44）。ただし、旧有限会社において、定款でこの内容を規定するには、社員総会にて総社員の半数で、総社員の議決権の4分の3以上の同意が必要となっていました（旧有限会社法47、48）。

会社法では、取締役会が設置されない譲渡制限株式会社が認められましたので、その法制及び実態は有限会社と同様に考えることができ、従来の有限会社法との整合性をとるためにも適当であると考えられました。

そこで、株式譲渡制限会社においては、剰余金分配、議決権等に関し、定款をもって別段の定めをおくことができることになりました（会社法109②）。この定款の定めをした場合には、その定めごとにその定めに係る株主をそれぞれ種類株主とみなして、法定種類株主総会の制度を適用することになります（会社法109③）。株式譲渡制限のある会社では、剰余金分配や議決権について、一定以上の大株主の議決権を制限したり、一人一議決権とすることなどが可能となります。

また、この定款の定めの新設又は変更をする場合の定款変更の決議の要件は、特殊決議（総株主の半数以上、かつ、総株主の議決権の4分の3以上）によらなければならないとされています（会社法309④）。

株式譲渡制限	従　来	改　正　後
あ　り	持ち株数に応じた株主権	株主の属性に応じた別段の定めが可能
な　し	同　上	従来どおり

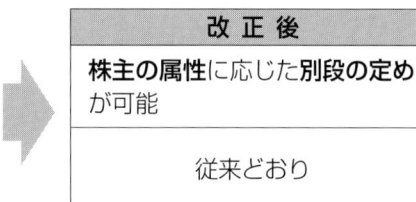

また、株主権を制限される株主を保護するため、規制が設けられます。

項　目	規制の内容
種類株主総会	法定種類株主総会の制度を準用。 株主権の制限内容ごとに、種類株主とみなします。
定款変更手続	株主総会の特殊決議が必要。 （総株主の半数以上かつ議決権の4分の3以上）

(2) 少数株主権等

① 少数株主権等

イ　少数株主権の行使要件を定める基準

旧商法上、会計帳簿閲覧請求権（旧商法293ノ6）、業務財産調査のための検査役選任請求権（旧商法294）、解散請求権（旧商法406ノ2）については、総株主の議決権を基準として、一定数の議決権以上を保有することが権利行使要件とされていました。

また、平成13年11月の商法改正により、議決権制限株式を有する株主の少数株主権について、定款をもってこれを制限することができることになりました（旧商法222④）。
　会社法では、議決権制限株主にとって議決権と直接の関係がない権利も行使できなくなる弊害があるため、会計帳簿閲覧請求権（会社法433①）、業務財産調査のための検査役選任請求権（会社法358①）、解散請求権（会社法833①）については、総議決権に占める議決権数が一定割合以上の株主又は一定の割合の株式数を有する株主が行使することができるとされました。この場合、自己株式は、株式数を基準とする行使要件の算定に当たっては除外されます。

ロ　株主総会関連少数株主権
　株主総会に関連する少数株主権（株主提案権、総会招集権及び総会検査役選任請求権）は、株主が議決権を行使できる事項に係る権利及び行使できない事項に係る権利が明文化されました（会社法297、303、305、306、310⑦）。

② 取締役等解任請求権等

イ　取締役等の解任請求権
　取締役等の解任請求権は、それぞれの解任の決議につき行使できる議決権の総数に占める議決権の数が一定の割合以上の株主又は一定の割合の株式を有する株主が、①と同様に行使することができることになりました（会社法854）。
　この場合、自己株式は株式数を基準とする行使要件の算定に当たっては除外されます。

ロ　取締役等の責任の一部免除
　定款の定めに基づく取締役の過半数の同意（取締役会を設置した場合にあっては、取締役会の決議）による取締役等の責任の一部免除に対する異議の申出をする権利は、取締役等の責任の一部免除に係る株主総会の決議において議決権を行使することができる種類の株主にも行使できることになりました（会社法426⑤）。
　なお、解任の対象となっている取締役等は、上記イ．取締役等の解任請求権、ロ．取締役等の責任の一部免除の権利を行使できないものとし、その行使要件の算定に当たっては、その対象となっている取締役等の有する議決権の数を除外することになります（会社法854①一イ、426⑤）。

③ 行使要件
　旧商法上、少数株主権の行使要件が議決権の10分の1以上とされている場合が多かったのですが、会社法では、取締役会を設置しない会社においても、少数株主権の要件については旧商法の株式会社と同様のものとされました。また、定款により少数株主権とされている権利の全部について、その行使要件を引き下げ、又は単独株主権とすることが可能となりました（会社法426⑤、433）。
　なお、株式譲渡制限会社においては、単独株主権・少数株主権における6か月の保

有期間制限は、課されないことになりました。これは、譲渡制限会社においては、通常株主は人的信頼関係に限定される場合が多く、新たに株主になる者が株式を譲り受けるためには、取締役会の承認を得る必要があることから考えると、6か月の保有期間の制限を課し、少数株主の権利の濫用を防止する必要はないと考えられたことによります。また、株式譲渡制限のない会社であっても、定款をもってその保有期間制限を引き下げることが可能となっています。

以上を図にまとめると、次のとおりです。

少数株主権

権利内容	議決権数・株式保有数	保有期間の要件（公開会社）	保有期間の要件（譲渡制限会社）
会計帳簿閲覧請求権（会社法433）	総株主の議決権の3％以上又は発行済株式総数の3％以上	要件なし	要件なし
業務財産調査のための検査役選任請求権（会社法358①）	総株主の議決権の3％以上又は発行済株式総数の3％以上	要件なし	
解散請求権（会社法833①）	総株主の議決権の10％以上又は発行済株式総数の10％以上	要件なし	
株主提案権（会社法303、305）	総株主の議決権の1％以上又は300個以上	行使前6か月	
総会招集権（会社法297）	総株主の議決権の3％以上	行使前6か月	
総会検査役選任請求権（会社法306）	総株主の議決権の1％以上	行使前6か月	
取締役の解任請求権（会社法854、479）	総株主の議決権の3％以上又は発行済株式総数の3％以上	行使前6か月	
取締役等の責任軽減への異議権（会社法426⑤）	総株主の議決権の3％以上	要件なし	

(3) 単独株主権

旧商法上、議決権制限株式を有する株主の単独株主権について明文の規定はありませんでしたが、議決権を前提とする単独株主権の行使は、認められないと解釈されていました。

会社法では、議決権行使書面・代理権を証する書面等の閲覧・謄写請求権等の株主総会に関連する単独株主権は、株主が議決権を行使することができる事項の係る権利については、その行使を法律で保障し、議決権を行使できない事項については、その行使をすることができないものとされました（会社法310等）。これにより、これまでの解釈上の問題点が条文化され、明確になりました。

以上を図にまとめると、次のとおりです。

単独株主権

	保有期間		権利内容
	公開会社	譲渡制限会社	
単独株主権	要件なし	要件なし	設立無効等の訴権（会社法828②等）、累積投票請求権（会社法342）、募集株式発行差止権（会社法210）
	行使前6か月		代表訴訟提起権（会社法847）、取締役・執行役の違法行為差止請求権（会社法360、422）

(4) 取得者からの承認請求

　旧商法では、譲渡制限のある株式を取得した者が株式譲渡を承認されても、名義書換の請求手続をしなければ名義変更されないという別々の手続でしたが、会社法では、譲渡制限株式の取得者から株式会社に対してその取得を請求する手続は、名義書換手続と同様のものとなり、名義書換手続だけで完結することに改められました（会社法134）。また、会社は、承認なく株式を取得した者からの名義書換請求を拒むことができ（会社法137）、名義書換の請求を拒否された取得者は、会社に対して買受人の指定を請求することができます（会社法138二ハ）。

(5) 基準日
① 議決権に関する基準日

　旧商法上、会社は、議決権を行使する株主を定めるための基準日の制度が設けられていました（旧商法224ノ3）。例えば、基準日後に組織再編によって新たに株主となった者が、取締役の選任などについて株主総会で議決権を行使できないため、実務界からは、その基準日後に株主となった者であっても議決権の行使をすることを認めるべきであるという要望がありました。

　会社法では、議決権を行使することができる株主を定めるために基準日を設定した場合であっても、基準日後に株主となった者の全部又は一部について、議決権を行使することができる株主を定めることを認めるものとされました（会社法124④）。ただし、基準日における株主の権利を害することはできないことになります（会社法124④）。

② 配当に関する基準日

　旧商法による実務では、新株発行の場合の配当の取扱いについては、日割配当として取扱いがなされていました。これは、投下資本の稼動期間に応じて配当が生ずるべきであるという考え方に基づくものであり、旧商法第280条ノ20第2項第11号の規定がその根拠と解釈されています。しかし、利益配当額は、一営業年度の利益によって、必ずしも決定されるわけでないため、日割配当に合理性がないとの問題点も指摘されていました。

そこで会社法では、基準日における株主は、その有する株式の発行時期にかかわらず、同一に配当その他の財産・株式等の割当を受けるものとし、新株主の配当起算日に関する規定（日割配当）は、削除されることになりました。

区分	従来	改正後
議決権	基準日以後に株主となった者は、**議決権を行使できません**。	**議決権行使が可能**となります。
配当等	日割配当が可能でした。	配当受領が可能となります。日割配当は認められません。

(6) 株式譲渡制限会社における株主に対する通知・公告

重要事項を株主に伝える場合、株主への通知もしくは公告のいずれかで足りるとされてきましたが、閉鎖的な会社では株主に分からないような公告手続だけで不公正な新株発行が行われるおそれがあるため、株式譲渡制限会社では株主への通知を省略できないこととなりました。

項目	条文
定款授権による役員責任免除の取締役会決議	会社法第426条第4項
株主代表訴訟に係る公告	会社法第849条第5項
簡易組織再編の公告	会社法第785条第4項、第797条第4項
自己株式の取得（市場取引等以外の方法の場合）	会社法第158条第1項

(7) 株主名簿の閲覧請求権

旧商法においては、株主又は債権者は、営業時間内であればいつでも株主名簿の閲覧・謄写を請求できることになっていました（旧商法263）。

ただし、株主名簿の閲覧・謄写請求が不当な意図・目的によるものである等、その権利の濫用と認められる場合には、解釈上、閲覧・謄写請求を拒絶することも認められるとなっていました。

そこで会社法では、株主名簿の閲覧を拒絶できる事由が以下のように明確化されることとなりました（会社法125③）。

① その請求を行う株主又は債権者（以下、請求者）が、その権利確保又は行使に関する調査以外の目的で請求を行ったとき
② 請求者がその株式会社の業務の遂行を妨げ、又は株主の共同利益を害する目的で請求を行ったとき

③ 請求者がその株式会社の業務と実質的に競争関係にある事業を営み、これに従事するものであるとき
④ 請求者が、株主名簿の閲覧又は謄写によって知り得た事実を、利益を得て第三者に通報するため請求を行ったとき
⑤ 請求者が過去2年以内において、株主名簿の閲覧又は謄写によって知り得た事実を、利益を得て第三者に通報したことがあるものであるとき

10 新株発行について

(1) 発行手続

① 第三者割当増資（株式譲渡制限会社）

　旧商法では、株式譲渡制限会社では、株主は新株引受権を有し、新株式を株主割当以外の方法で発行する場合には、株主総会の特別決議が必要となっていました（旧商法280ノ5ノ2）。また、有利発行を行う場合には、この株主総会の特別決議と有利発行の特別決議とは、別個のものと考えられており、別途、有利発行のための特別決議が必要となっていました（旧商法280ノ2②）。

　しかし、株式譲渡制限会社の場合には、いわゆる時価の把握が困難であり有利かどうかの判断そのものが難しい場合が多く、第三者割当増資と有利発行の決議を一体化させ発行価格についても決議した方が、株主保護を図ることができると考えられました。

　そこで会社法では、株式譲渡制限会社における第三者に対する発行決議においては、有利発行の点については、その株主総会において取締役に説明させることにより（会社法199③、200②）、旧商法の有利発行手続とその手続が一体化されました（会社法199、200）。また、募集株式数の上限及び発行価額の下限など、一定の事項を定めることにより、取締役会にその他の発行事項の決定を委任することも可能となりました（会社法200）。

第三者割当増資と有利発行 ⇒別々に特別決議が必要	⇒	第三者割当増資の特別決議のみで可 ⇒有利発行の点について取締役の説明が必要

② 新株発行の払込期日と払込期間

　従来は、新株の払込みは、払込期日になされていました（旧商法280ノ7）が、会社法では、従来の払込期日制度に代えて払込期間を設けることができるようになり、この場合、払込の日から株主となります（会社法199①四）。

③　新株の割当て（株式譲渡制限会社）

　株式譲渡制限会社における新株の割当者の決定は、旧商法では、新株の発行決議時に取締役会が決議することになっていました（旧商法280ノ2①九）。会社法では、これを発行時ではなく、申込割当時に決定することが認められました。割当者の決定権限を有するのは株主総会（取締役会設置会社においては取締役会）ですが、定款に別段の定めがある場合には取締役会や取締役により決定することも可能です（会社法204①②）。

(2)　株主割当て
①　新株引受権の譲渡及び証書

　新株引受権は、会社から優先的に新株の割当てを受けられる権利（一種の債権）であり、会社が新株の割当てを実施しなければ、権利行使により当然に株主となるものではありません。これに対して新株予約権は、予約権者からの一方的な意思表示によって会社との契約が成立する、いわゆる予約完結権の一種です。予約権者が会社に対して権利を行使したときに、会社は新株を発行（又は自己株式を移転）しなければなりません。予約権を行使した者は、払込みの時に株主となります。

　旧商法においては、新株引受権と新株予約権とが違う権利内容であることを前提に、その譲渡方法も区分されていました。

　会社法では、条文数を削減するために、新株の引受権を譲渡することができる旨の定め（旧商法280ノ2①六）及び新株引受権証書（旧商法280ノ2①七）に関する制度は、新株予約権（会社法254）及び新株予約権証券（会社法288）に関する制度に吸収して整理されました。

②　株主割当増資の失権株等

　旧商法では、株主割当による新株発行の場合、申込期日までに新株を引き受けられずに失権した失権株や、1株未満の端数について引受人を再募集することができ、その募集については、新株発行事由の公示は不要とされていました（旧商法280ノ3ノ3）。

　会社法では、株主割当の場合において、株式会社自身に新株の引受権を与えることを認めず、かつ、1株に満たない部分及び申込期日までに申込みがなされなかった部分についての再募集は認めないことになりました（会社法202②、204④）。

③　株主割当増資の決議機関（株式譲渡制限会社）

　株主割当増資の決議は、譲渡制限のある株式会社は取締役会、有限会社は社員総会とされていました。

　会社法では、株式譲渡制限会社において、株主割当による新株発行を実施する場合、定款に定めがあるときは、株主総会の決議を経ずに取締役（取締役会設置会社においては、取締役会）が新株発行に関する実行を決定できることになりました（会社法202③）。なお、自己株式の処分についても、同様の取扱いとなります（会社法202①、199①）。

まとめると次のようになります。

| 決議機関 | 取締役会 | → | **株主総会**（原則）
取締役会（**定款の定め**があれば可能） |

(3) 株式等の引受人に対する情報の開示

旧商法では、１人が新株等の総数を引き受ける場合（旧商法280ノ6②、280ノ14①但書、280ノ28⑤）を除いて、会社が株式申込書等の用紙を作成・交付し、当該用紙により新株等の申込みをさせることにより、会社・発行条項に関する情報開示が行われる制度になっていました。

株式申込書の機能としては、株式の引受けの申込みをする者がその意思表示を株式申込書により実施するという面と、会社が株式の引受けの申込を実施しようとする者に対して、一定の事項を株式申込書を通じて書面により通知するという面の２つの機能を有していました。

しかし、申込みをする株主が適切な情報を得られるのであれば、その情報開示を株式申込書等によらなければならない合理的な理由はなく、また、株式申込等の用紙が、場合によっては大部なものになるという問題点が指摘されていました。

そこで会社法では、新株発行等の際のこの改正により、株式申込書の用紙を交付する制度は廃止されて、次のような措置が実施されます（会社法203①）。

> ① 株主割当ての場合
> →引受権を有する株式の内容等に関して株主に通知することが必要です（会社法203①）。この場合には、商号、募集事項、金銭の払込みをすべきときの払込みの取扱場所のほか、会社法施行規則第41条で定める事項（発行可能株式総数、譲渡制限、各種類株式の内容、単元株式数等）を記載します。
> ② 第三者割当ての場合
> →株式会社が割当者を定め、その割当者が発行しようとする株式の総数を引き受ける場合には、法律上の特別の開示制度を設けません（会社法205）。
> ③ 公募の場合
> →会社が割当人を定めずに引受人を募集する場合（公募）においては、証券取引法第2条第10項に規定する目論見書を申込人に対して交付する場合には、株式の引受申込をする人に、株式会社及び発行条項に関する情報を通知することが不要となります（会社法203④）。

以上をまとめると、次のとおりです。

株式会社・有限会社はこう変わった

従来	改正後	
株式申込証の用紙の交付	株主割当ての場合	発行株式の**内容等の通知**
	割当てを受けた者が全新株を引き受ける場合	開示制度を**特段法定しない**
	証券取引法の目論見書等が交付される場合	会社及び発行条件に関する**情報の通知が不要**

(4) 新株発行の際の公告・通知

　新株発行等に際して、証券取引法に基づく届出書等において、会社法の規定により公告をすべき事項が払込期日の2週間前までに開示されている場合には、会社法の規定による公告等が不要となりました（会社法201⑤）。

　つまり、新株発行事項の公告・通知が、有価証券届出書等で代用できることとなりました。

項目	従来	改正後
期日	新株払込期日の2週間前	従来どおり
新株の種類・数・価額等	公告もしくは株主への通知が必要	・**有価証券届出書等で開示**or ・公告もしくは株主への通知

(5) 現物出資の取扱い

① 金銭債権の現物出資（デット・エクイティ・スワップ）

　旧商法では、現物出資については、検査役の調査が必要となっていました（旧商法280ノ8）。

　ただし、現物出資者に対して、発行する株式の総数が発行済株式総数の10分の1を超えず、かつ、新たに発行する株式の総数の5分の1を超えない時、又は現物出資の対象となる財産の価格の総額が500万円を超えない場合には、調査は不要となっていました（旧商法280ノ8）。

　また、現物出資となる対象財産が取引所の相場のある有価証券である場合、取締役会で決定した現物出資に関する事項が、弁護士、会計士等などの証明を受けた場合にも、検査役の調査は不要となっていました（旧商法280ノ8②）。

　会社法では、株式会社に対する金銭債権のうち履行期が到来しているものをその債権額以下で出資する場合には、検査役の調査が不要となりました（会社法207⑨五）。不要となった理由としては、以下のことがあります。

> ① 一旦、金銭で弁済して、再度出資をすれば金銭出資と同様の効果が得られるが、債権者が出資しないというリスクを負担しなければならず、出資しなければ特定の債権者に弁済されたことになり、他の債権者との関係で好ましくないこと
> ② 現物出資を実施した債権者は、株主という弁済順位の低い資金提供者へその地位を交代させるので、他の債権者あるいは将来債権者となるものにとっては、メリットがあること

　したがって、会社が現物出資に同意している限り、金銭債権の現物出資によって、会社及びその債権者が害されることはないことになります。

　なお、検査役の調査は不要ですが、債権の存在を証明する書面が登記の添付書面となっており、また、金銭債権の現物出資を明文化したことに伴い、株式引受人が負う金銭等の払込み又は現物の給付をする債務と会社に対する債権とを、相殺することを禁止する規定に変更されました（旧商法200②、会社法208③）。

　この改正により、いわゆるデット・エクイティ・スワップが簡便に実施されることになりました。

② 現物出資財産の不足に対する責任

　旧商法上、現物出資等の財産価格てん補責任については、資本充実の観点から、株式会社の発起人・取締役に無過失責任を課していました（旧商法192ノ2①、280ノ13ノ2①）。これは、金銭以外の財産を取得する際に支払った対価がその財産価格よりも高すぎるという点が、会社債権者を害することになるからと考えられていたからです。

　しかし、会社が日常の取引において、金銭により、資産を時価よりも高い価額で取得した場合、取締役には任務懈怠責任が課されるだけです。

　この場合は、金銭が社外に流出し、債権者に配分できる金銭等の財産は明らかに減少しています。一方、現物出資の場合には、出資財産の対価は株式であり、財産を受け入れ、見合いに、資本金と資本準備金が増加しているのみであり、金銭による高額買入れに比べて金銭等の財産の流出はないことになります。

　したがって、現物出資等に係るてん補責任を債権者との関係で捉える限り、一般の取締役の任務懈怠責任よりも、責任を加重しなければならない合理的な理由はないことになります。

　このようなことから、会社法では、設立に際しての取締役の責任が、無過失責任から過失責任となるのと同様に、新株発行に際しての現物出資に関する取締役の責任が、無過失責任から過失責任に変更となりました（会社法213②二）。つまり、取締役が財産価格の調査について過失がないことを証明した時には、てん補責任を負わないことになります。

株式会社・有限会社はこう変わった II

項　目	従　来	改　正　後
取締役のてん補責任	無過失責任	過失責任（取締役に挙証責任）
出資者の責任	無過失責任	出資の取消可能（会社との**利害関係**、現物出資の**過失がない**場合）

　なお、新株発行において、株式会社と利害関係のない者（取締役として責任等を負わない者）が過失なく現物出資をし、事後的に責任を問われる場合（民法570、566）については、その者に出資の取消権を認めています（会社法212①②）。

③　自己株式の処分等に際しての現物出資

　旧商法上、新株発行における現物出資に関する規定は、自己株式の処分には認められていなかったので（旧商法280ノ8、280ノ14①、177③）、自己株式の処分に際し現物出資が認められるかどうかについては、解釈が分かれていました。

　会社法では、自己株式の処分等の対価に金銭以外の現物による払込みを受ける場合、従来は準用されていなかった現物出資の規定が資本充実の観点から準用されることとなり、現物出資と同様のルールが適用されることになり、検査役の調査などが必要となる場合があります（会社法199①）。

(6)　株式会社の設立後に発行する株式に係る払込みの証明

　旧商法では、株式会社成立後の新株発行における払込機関への金銭の払込みがあることの証明は、払込取扱機関による払込金の保管証明が必要とされていました（旧商法280ノ14①、177②、178、179）。

　会社法では、株式会社の成立後の新株発行及び新株予約権の行使による新株発行による変更の登記の際の払込取扱機関への金銭の払込みがあることの証明については、残高証明等の方法でも可能となりました（会社法208①、64）。

(7)　新株発行無効の訴え等（株式譲渡制限会社）

　旧商法においては、新株無効の提訴期間は発行の日から6か月以内とされており、この提訴期間経過後でなければ口頭弁論を行うことができないことになっていました（旧商法280ノ15①、280ノ16、105②）。

　しかし、株式譲渡制限会社の新株発行における第三者割当決議と有利発行決議が一体化されるので、株式譲渡制限会社における新株発行においては、具体的な発行事項の公告・通知は省略されていたため（旧商法280ノ3ノ3①）、新株発行の実態について、株主には不明な部分が発生する可能性がありました。

　したがって、新株発行後6か月の間に株主総会が開かれない場合には、株主がその

新株発行の事実を知らないまま提訴期間を経過するという問題点が指摘されていました。また、譲渡制限会社であれば、公開会社のように株主の異動が頻繁でないことから、新株発行無効の訴えの提訴期間の延長の弊害も多くないと考えられました。

そこで会社法では、株式譲渡制限会社の第三者割当増資について、新株発行無効の訴えの提訴期間が6か月以内から1年以内に延長されました（会社法828①二）。

11 株券について

旧商法上、株式会社は、定款をもって株券を発行しない旨を定めるができ（旧商法227①）、この会社は株券廃止会社と呼ばれていました。旧有限会社では、株券に相当するものの発行は禁止されており、一方、株式会社では定款で排除しない限り、株券の発行義務がありました（旧商法227①）。

会社法では、有限会社と株式会社の一体化に伴い、株券の発行につき何を原則とするか検討され、次のように改正されました。

株券は、定款の定めがある場合にのみ、発行することができることとなりました（会社法214）。また、株式譲渡制限会社において、定款に株券を発行する旨の定めがあったとしても、株主から請求があるまでは、株券の発行をする必要がないものとされました（会社法215④）。

これは、旧法の株券不発行制度をおし進め、株券は原則的に発行しないこととしたもので、株券管理コストを合理化するペーパーレス化に対応した改正です。

以上をまとめると、次のとおりです。

株券発行の定款の定め	株式譲渡制限	株券発行の可否
あり	あり	発行可能※
あり	なし	発行可能☆
なし	──	発行不可

※株主からの請求があるまで発行しないとすることも可能。
☆株式の公開会社は政令で定める一斉移行日に強制的に株券不発行制度に移行。一斉移行日は平成21年6月までの期日に設定の予定。

また、株式の譲渡は、従来株券の交付が必要でしたが（旧商法205①）、会社法では株券発行会社に限り、株券の交付が効力発生要件となっています（会社法128①）。

12 株式買取請求権について

旧商法上、議決権制限株式については、株主総会の決議に反対の議決権行使を要件とする株式買取請求権（旧商法355①等）が認められたかどうかについては、解釈上、

意見が分かれて、株主総会の開催されない簡易組織再編の場合の株式買取請求権について、議決権制限株式についても認められるかどうか等、解釈が分かれる場合がありました。

組織再編の場合の株主の買取請求権は、株主が資本投下した会社の実態が組織再編により大きく変化する等、再編に反対する株主に投下資本の回収を通じて、経済的利益を与えるための制度であり、議決権制限株主に買取請求を認めないと、普通株式等議決権を有する株主の議決権の濫用のおそれもありました。

会社法では、株式買取請求権を行使できる場合が1つの条文としてまとめられ（会社法116①）、議決権を行使できる株主は、当該株主総会（種類株主総会を含む）の開催前に反対の意思を通知し、その株主総会で反対株主には、これまでどおり株式買取請求権が与えられます。また、株主総会において、議決権を行使する機会のない株主（単元未満株主）においては、法定の期間内に反対の意思を通知した株主にも、株式買取請求権が与えられます（会社法116）。

議決権	従来の条件	改正後の条件
あり	総会前に反対の意思を会社に通知、**かつ総会で反対票を投じる**	従来どおり
なし	同　上	法定期間内に反対の意思を会社に通知

株式買取請求権が与えられるのは、以下の場合です（会社法116①）。
・譲渡制限の定めや株主総会決議による全部強制取得の定めをなす定款変更
・ある種類株主に損害を及ぼすおそれのある株式併合や分割、株式無償割当て、単元・株式数変更等

13　端株・単元株について

「端株」とは、株式の一株に満たない端数のうち、一定のものを端株として、端数に自益権を認める制度をいいます。一方、「単元株式」とは、株式数の一定数をまとめたものを一単元として、株主の議決権を一単元に一個とする制度をいいます。

株主権に制限のある端株と単元未満株式の制度は以下のように類似しているため、端株制度は単元未満株式に一本化され、廃止されました。

権利内容	単元未満株式	端　株
残余財産分配請求権 買取請求権、等	○	○
議決権 議決権に伴う少数株主権	×	×

利益配当請求権 新株引受権、等	○	△ 定款による制限可能
書類閲覧請求権 代表訴訟提起権、等	○	×

　したがって、会社法では、単元未満株主の有する権利は、原則として旧商法の単元未満株主の有する権利と同一ですが、一定の権利については、定款により制限することができます（会社法189②）。

　端株制度を採用する企業が、端株主の権利に実質的な変更を加えずに単元株制度に移行するには、従来の端株の最小単位を一株とする株式分割を実施し、同時に従来の一株を一単元とする定款変更を実施すれば可能となります。

　そこで会社法では、株式分割と同時に一単元の株式の数を設定（増加する場合を含む）する場合には、分割後に株主が有する株式数を分割後の一単元の株式の数で除して得た数が、分割前に株主が有していた株式数（一単元の株式の数が増加する場合には、分割前の株式数を分割前の一単元の株式数で除して得た数）を下回らないこととなるときは、その一単元の株式の数の設定（増加）に係る定款変更は、株主総会の特別決議によらないで行うことができることになりました（会社法191）。これは株主が有する単元の数が分割後に増えこそすれ減らないのであれば、株主及び端株主には損害を生じさせることがないことを考慮して認められました。

　また、同じく株主等に損害を生じさせないことから、一単元の株式の数の減少や単元株に関する定款の定めの廃止についても、取締役（取締役会設置会社は取締役会）の決定等によって可能となっています（会社法195）。

14　新株予約権について

(1)　発行手続

　新株発行の場合と同様に以下のような改正がなされています。

①　第三者割当てと有利発行の一体化（株式譲渡制限会社）

　株式譲渡制限会社の場合、第三者に対する新株予約権の発行決議においては、有利発行の点について株主総会において取締役に説明させることにより（会社法238③、239②）、有利発行手続と一体化されました。

②　株主割当ての失権新株予約権等

　株主割当ての場合、新株予約権の1個に満たない部分及び申込期日までに申込みがなされなかった部分について、再募集は認めないことになりました（会社法241②、243④）。

(2) 有償で発行する新株予約権

　旧商法上、無償で発行する新株予約権（ストックオプション等）は、その割当時から新株予約権としての規制（新株予約権名簿への記載、合併等による承継）を受けることになっていますが、有償で発行する新株予約権については、払込期日前は、新株予約権としての規制を受けないことになっていました。

　しかし、その払込みは、新株予約権の権利行使の条件とも解釈することが可能であるので、払込前に新株予約権原簿等への記載や合併等による権利承継についての規制を及ぼしても特段の不都合な影響はないと考えられ、会社法では、無償発行と同様の取扱いとなりました（会社法245①）。

(3) 新株予約権の消却

　新株予約権の消却についても、その取得及び自己株式の消却として整理されました。これは、株式消却が自己株式の取得とその消却に整理されたことと同様の措置です。

　また、その取得対価（旧商法における消却対価）として、株式を交付することが認められました（会社法276、236①七ニ）。

　また、無記名式の新株予約権付社債を取得して株式を交付する場合において、株主を把握することができない株式が生じたときは、その株式については、株主が株主名簿に記載されるまでは、招集通知等の送付をすることが不要であり、株主が所在不明の場合と同様の取扱いとなっています。

(4) 自己新株予約権

　自己新株予約権は権利行使できないことが明文化されました（会社法280⑥）。自己株式について配当請求権等の自益権が明文で否定されたことと同様の措置です。

(5) 一株に満たない端数の処理

　新株予約権の行使により一株に満たない端数が生じる場合、あらかじめ端数に相当する価額を償還しない旨を定めていないときは金銭で償還することとなりました（会社法283）。これは、端株制度廃止に伴う措置ですが、新株予約権付社債の発行価額と代用払込の価額は金銭で償還する端数による差異が生じるため、両者を同額とすべき規制が廃止となりました。

(6) 取得条項付新株予約権

　取得条項付新株予約権とは、会社が一定の事由が生じたことを条件としてその新株予約権を取得することができるものをいいます（会社法236①七）。新株予約権を取得条項付とする場合、1）取得条項付新株予約権である旨と取得事由、2）別に定めた日の到来

を取得事由とする場合はその旨、3）新株予約権の一部の取得をする場合にはその旨と取得の対象となる新株予約権の決定方法、4）取得の対価（株式・社債・新株予約権・新株予約権付社債・その他現金等）を新株予約権の内容として定める必要があります。

15 子会社について

(1) 子会社による親会社株式の取得

　旧商法上、子会社が親会社株式を取得することは原則禁止されていましたが（旧商法211ノ2①）、例外条項として、①株式交換、株式移転、会社の分割、合併又は他の会社の営業全部の譲受による場合、②子会社の権利の実行に当たり、その目的の達成のために必要な時に限って認められていました（旧商法211ノ2①）。

　会社法では、第135条第2項において、①他の会社（外国会社を含む）の事業の全部を譲り受ける場合において、他の会社の有する親会社株式を譲り受ける場合、②合併後消滅する会社から親会社株式を取得する場合、③吸収分割により他の会社から会社株式を取得する場合、④新設分割により親会社株式を取得する場合、⑤その他法務省令（会社法施行規則23）で定める場合には、子会社による親会社株式の取得が認められます。

　また、会社法第800条において、①子会社が他の株式会社の組織再編行為により親会社株式の割当を受ける場合、②子会社が行う組織再編行為に際して親会社株式の割当をするために実施する場合にも、子会社が親会社株式を取得することが認められていますが、外資企業による敵対的買収への懸念から、会社法施行日以後1年間は適用されません。

　株式会社が親会社である場合には、子会社である外国会社によるその親会社株式の取得は、原則として禁止されています（会社法2三、四）。外国会社に対して、直接日本法が適用されるわけではないので、日本法人である親会社は、支配権を行使することにより、外国会社である子会社がその親会社株式を取得しないように指示することになります。

親会社株式が取得可能な事由	従来	改正後
子会社が、分割・合併・営業全部の譲受等の組織再編の結果として親会社株式を取得	○	○
担保権の実行等の結果として親会社株式を取得	○	○
子会社が保有していた株式が、組織再編の対価として親会社株式に交換	×	○
子会社が自身の組織再編で対価とするために親会社株式を取得	×	○

※外国子会社による親会社株式の取得は原則禁止されます。

(2) 子会社に関する規定

旧商法上の子会社には、総株主・総社員の議決権の過半数所有を要件とし、株式会社・有限会社のみが対象となっていました。

会社法では、親会社から一定の支配権が及び得るとみられる外国会社を含む法人等を含めることになり、支配力基準で子会社を判定することになりました。

項　目	子会社に関する規定
社外監査役の要件	社外監査役は、「子会社」の取締役や使用人等でなかったことが条件です。
監査役の兼任禁止	監査役は、「子会社」の取締役や使用人等を兼務できません。
定款・計算書類等の閲覧権	株主は、裁判所の許可により、「子会社」の帳簿等を閲覧可能です。
監査役・会計監査人による報告請求権・調査権	監査役・会計監査人は、「子会社」に対して報告請求権や調査を行う権限を有しています。

(3) 相互保有株式の取扱い

旧商法においては、ある株式会社（A社）が他の株式会社又は有限会社の総議決権の4分の1を超える議決権を有する場合には、当該他の株式会社又は有限会社は、その保有するA社株式の議決権を行使することはできないとされていました。これは、株式会社（A社）が強く影響を及ぼす可能性のある株主が株主総会において議決権を行使することは、健全性で問題があると考えられたことによります。

会社法では、相互保有株式により議決権の行使が制限される株主は、株式会社、有限会社に限られていますが、その範囲を外国会社を含む法人まで拡大し、議決権の行使を認めないことになりました（会社法308①）。

また、株式を相互保有する相手方が議決権の4分の1以上を保有している場合、その会社に対する議決権が制限されますが、会社法では、「株式会社がその総株主の議決権の4分の1以上を有することその他の事由を通じて株式会社がその経営を実質的に支配することが可能な関係にあるものとして法務省令（会社法施行規則67）で定める株主」の議決権を制限することにし、判定において、実質支配基準を導入しています（会社法308①）。

5 社債についての改正

1 社債総則

(1) 社債を発行できる会社

旧法においては、有限会社は社債を発行できないと解されていました（旧有限会社法59④）。

しかし、有限会社が非公開的な性格を有することと社債の発行ができないこととは、論理的な関係はないと指摘されていました。また、合名会社、合資会社においては、社債の規定が置かれていませんでしたが、有限会社と同様の問題がありました。

会社法では、社債総則に関して、以下のとおり、株式会社はその機関設計のいかんにかかわらず社債が発行できるものとし、また、その他の類型会社（合名会社、合資会社及び合同会社）についても株式会社の社債に係る規定と同様の規定を設けるものとされました（会社法740）。したがって、従来は、社債の規定は株式会社の編の中にありましたが、会社法では別の編（第4編）に独立させています。

●社債を発行できる会社

旧　法	会　社　法
・株式会社	・株式会社（取締役会を設置しない株式会社を含む） ・合名会社 ・合資会社 ・合同会社

(2) 社債の発行

① 取締役会を設置しない株式会社

取締役会を設置しない株式会社においても、社債が発行できるようになります。

② 取締役会を設置した株式会社

旧商法では、株式会社が社債を発行するには、取締役会の決議が必要とされていましたが（旧商法296）、その決議を要する事項については、新株発行と異なり法定されていませんでした（旧商法280ノ2①等）。

会社法では、募集社債の総額、各募集社債の金額、利率、償還方法及び期限等、会社法第676条に定める事項の他、社債を引き受ける者の募集に関する重要な事項として、法務省令（会社法施行規則162）で定める事項（分割払込み、合同発行、金銭以外の給付等）については、取締役会の決議が必要となっています（会社法362④五）。

なお、以下の規定により、社債のシリーズ発行（社債の総額等を取締役会で定め、具体的な発行は複数回に分けて代表取締役が決定する）ができることになりました。
- 社債の権利内容を基礎にして「種類」の定義を置き、社債の発行時期のいかんにかかわらず、社債の権利内容が同一であれば、社債の種類が同一となる（会社法681一）
- 取締役に一任できない事項として、募集社債の総額の上限、募集社債の利率の上限、募集社債の払込金額の総額の最低金額等を明確化（会社法施行規則99）

(3) 打切発行

旧商法においては、新株発行については打切発行が原則とされていましたが（旧商法280ノ9①②）、社債については、原則総額が応募額に満たない場合には、社債全部が不成立となることが原則とされており、社債応募額が社債申込書の用紙に記載した総額に達しない場合であっても、社債を成立させる旨を社債申込書に記載した場合に限り、応募額が社債の総額となっていました（旧商法301③）。

しかし、新株には打切発行を認めながら、社債のみ打切発行を原則としないことの論拠が乏しいとの指摘があり、会社法では、社債の発行について、打切発行（いわゆる社債発行総額について、応募額をもって効力が発生する発行）が原則となります（会社法676十一）。

(4) 既存社債に未払込みがある場合の制限等

旧商法では、既存社債に未払込みがある場合の社債発行は禁止されていました（旧商法298）。これは、前社債の払込みを終えないうちに新社債を発行することを認めると、不必要な社債の濫発を招くおそれがあるためです。

しかし、未払込みとなっていることと社債の濫発には直接的な関係はなく、旧商法第298条に違反して社債を発行しても、その社債は無効にならないと一般的には解釈されていたので、この禁止規定の合理性が乏しいといわれていました。

そこで、(3)の打切発行と関連して、既存社債に未払込がある場合の制限等（社債再募集の制限、社債の払込みに関する制限）の規定は、削除されました。

また、後述の社債権者集会の議決権に関連し、各社債の金額の制限の規定は削除され、割増償還の制限についても、削除されました。

2 社債管理者について

無担保社債の発行に際して、投資家保護の観点から、旧商法上、社債管理会社の設置が義務付けられていました（旧商法297）。社債管理会社は、金融機関の機能と信用を活用するため、銀行、信託会社、又は担保附社債信託法5条の免許を受けた会社で

なければなりませんでした（旧商法297ノ2）。

　社債管理会社の主な業務としては、①社債権者を保護するためのモニタリング機能、②債権保全手続、③発行会社がデフォルト後の債権回収等における債権者保護機能、の3つがあります。

　旧商法では、「社債の管理」（旧商法297ノ3等）とは、社債管理会社に法律上付与された権限（弁済の受領、債権の保全等の権限）の行使をいい、社債発行会社と社債管理会社との間で締結した社債管理委託契約に基づく権限（約定権限）の行使は、一般的に含まれないと解釈されていました。

　しかし、約定権限には、社債発行会社が「財務上の特約」条項に違反した場合に期限の利益の喪失を宣言する権限等の重要な権限が含まれることが多く、それにもかかわらず、社債管理会社が約定権限を行使するにつき、公平誠実義務（旧商法297ノ3①）、善管注意義務（旧商法297ノ3②）が強行法的に課せられていないのでは、社債権者の保護としては十分ではないとの指摘がありました。

　そこで会社法では、以下において、社債管理会社については、「社債管理者」と名称を変更し、その約定権限の行使、責任、辞任、権限等につき、所要の見直しが図られました。

(1)　約定権限の行使

　社債管理者が行うべき「社債ノ管理」に社債管理委託契約等に基づく権限（「約定権限」）の行使を含めるものとし（会社法705①）、他の規定についても、約定権限を含める形で整理されました。

(2)　社債管理者の責任

　旧商法においては、社債管理者が自己の債権につき発行会社から担保の供与又は債権の消滅に関する行為（弁済・更改・代物弁済）を受け、その後3か月内に発行会社が社債の元利金支払懈怠又は支払停止があった場合に、損害賠償責任を原則として生じるものとしていました。

　会社法では、社債管理者の損害賠償責任について、以下の①から③の見直しがなされています。

①　支払の停止の後の弁済の受領等

　社債権者の保護のため、支払の停止後の弁済の受領等についても、社債管理者の損害賠償責任の対象となります（会社法710②一）。

②　社債管理者と特別な関係を有する者の行為

　旧商法の文言上では、自己の債権についてのみ、弁済を受けた場合に限定されており、社債管理者の子会社等が含まれていないことから、会社法では、発行会社の支払

の停止の前3か月以後に、社債管理者との間に法務省令で定める特別の関係がある者が当該社債管理者の有する債権を当該社債管理者から譲り受け、その債権につき当該発行会社から弁済を受けた場合、社債管理者の損害賠償責任の対象となります（会社法710②二）。

③ 社債管理者が行う相殺

　社債管理者が行う相殺については、旧商法第311条ノ2第2項の対象となっていませんでしたが、社債権者よりも早く社債管理者の債権を回収するという点では、弁済等の受領と実質的に相違がないことから、相殺をこの対象とするべきであるという指摘がありました。

　そこで会社法では、社債管理者が、発行会社の支払の停止の前3か月以後に、次に掲げる行為をし、かつ、この行為により生じた債権を相殺したときは、社債権者に対する損害賠償責任の対象となりました（会社法710②三、四）。

　a　社債管理者が発行会社に対し債権を有する場合において
　　ア　契約によって負担する債務を専ら当該債権をもってする相殺に供する目的で発行会社の財産の処分を内容とする契約を発行会社との間で締結する行為
　　イ　発行会社に対して債務を負担する者から当該債務を引き受ける行為
　b　社債管理者が発行会社に対して債務を負担する場合において、発行会社に対する債権を譲り受ける行為

(3) 社債管理者の辞任

　旧商法上は、社債管理者が辞任するには、発行会社及び社債権者集会の同意を得た場合のほか、やむを得ない事由があるときに、裁判所の許可を得た場合に限って認めていました（旧商法312①③）。

　会社法では、上記の場合のほか、社債発行会社がデフォルトに陥り、社債発行会社に対し貸付債権等の債権を有する社債管理者と社債権者との利益相反が先鋭化するような場合に備えて、社債管理委託契約等の定める事由が生じた場合に、辞任することができるようになりました。ただし、その社債管理者の辞任により、社債管理者が不在となる場合には、社債権者の保護のため、あらかじめ事務を承継すべき社債管理者を定めることが必要です（会社法711②）。

(4) 訴訟行為及び法的倒産処理手続における社債管理者の権限

　旧商法においては、社債管理者が、総社債につき行う訴訟行為又は法的倒産手続（破産手続、再生手続、更生手続又は整理もしくは特別清算に関する手続）に属する一切の行為を実施するには、社債権者集会の決議を要するものとされていました（旧商法309ノ2①二）。しかし、社債発行会社につき、法的倒産手続が開始された場合には、

迅速かつ低コストで手続を進めることが社債権者の利益になると考えられていました。

そこで会社法では、社債発行会社につき法的倒産手続が開始された場合には、訴訟行為及び法的倒産処理手続に属する一切の行為については、社債管理委託契約等の定めがあるときは、社債権者集会の決議なく当該行為を行うことができるようになりました（会社法706①二、676八）。

(5) 債権者保護手続における社債管理者の権限

従来、資本の減少等に係る債権者保護手続において、社債権者が異議を申し立てるには、社債権者集会の決議を要することになっていました（旧商法376③、289④、374ノ4②及び416②において準用する場合も含む）。その場合、裁判所の決定を受ければ、社債権者集会のために異議期間の延長も可能となっていました。

しかし、異議を申し立てるために、コストをかけて社債権者集会を開催することはまれなケースであり、異議期間の延長のために裁判所の決定まで必要となると、実質的に困難なケースが多いことになり、社債権者の利益が害されるという指摘がなされていました。

そこで会社法では、債権者保護手続が行われるときは、資本の減少等に係る債権者保護手続において、異議については、社債管理委託契約等に別段の定めがある場合を除き、社債管理者が社債権者集会の決議なくして申し述べることができるようになりました（会社法740②）。

(6) 社債管理者の権限が行使された場合の公告等

社債管理者の社債権者集会決議による行為（旧商法309ノ2）、社債管理者の辞任の場合（旧商法312）、期限の利益の喪失（旧商法335）の場合には、公告又は通知を必要とし、社債権者の権利保護を図っていましたが、会社法では、社債権者の権限が強化され、社債権者の保護が図られたことから、従前は必要であった社債権者等に対する公告及び通知の制度は廃止されました。

3 社債権者集会について

社債権者集会については、以下のとおり、法定決議事項以外の事項を決議しようとする場合における裁判所による事前の許可の制度の廃止、特別決議の成立要件の緩和のほか、無記名社債券の供託制度に代わる制度の創設等を行うことになりました。

(1) 決議事項の許可

旧商法においては、法定決議事項以外の事項を決議する場合においては、裁判所の

許可及び決議後の認可を得る必要がありました（旧商法309①）。しかし、多数決の濫用を防止するため裁判所にこの二重の認可を要求することは、過剰規制という指摘がなされていました。

そこで会社法では、社債権者集会において、法定決議事項以外の事項を決議する場合における裁判所の許可の制度は廃止されました。

(2) 特別決議の成立要件

旧商法において、特別決議の成立要件は株主総会の特別決議と同じであり、社債総額の過半額に当たる社債を有する社債権者が出席し（定足数）、その議決権の3分の2以上の多数をもって決するものとしていました（旧商法324）。

ただし、社債発行会社において、更生手続が開始された場合には、社債管理者は、社債権者のために更生債権の届出を行うこととしていました（旧商法309①）。また、更生計画案に係る関係人集会において、社債管理者が社債権者全体に代わって議決権を行使するには、社債権者集会の特別決議が必要とされていました。

しかし、実際に社債権者集会の特別決議に必要な定足数を確保することは、困難なケースが多く、その結果、関係人集会において更生計画案が可決されないという弊害が生じていました。

そこで会社法では、定足数を廃止し、総社債権者の元本の総額の5分の1以上で、出席社債権者の議決権の総額の3分の2以上の議決権を有する者の同意をもって決議の成立要件とすることになりました（会社法724②）。

(3) 議決権

旧商法において、同一種類の社債においては、その社債の券面額は、均一か最低券面額で整除できるものであることが必要であり、議決権も最低額毎に1個の議決権を有するものとしていました（旧商法321①）。

社債権者集会の議決権算定基準については、社債の未償還残高が社債権者の利害に直接関連する基準であり、他の債権者集会等の議決権も債権額を基準としていること等から、会社法では、各社債権者は、残存元本に応じて議決権を有するものとなります（会社法723①）。

(4) 無記名社債券の供託

旧商法において、無記名社債券を有する者は、その社債券を供託しなければ、社債権者集会の招集権限、社債権者集会における議決権を行使することはできないことになっていました（旧商法320⑥⑦、321②③）。

しかし、債券が発行された無記名社債は、多くの場合、証券会社等の保護預かりと

なっており、その供託を求めることは社債権者の権利行使を阻害しかねないとの指摘もあり、会社法では、無記名社債券の供託制度を廃止し、発行会社もしくは社債管理者又は社債権者集会の招集者に対する無記名社債券の呈示の制度を設けることとなりました（会社法718④、723③）。

4 社債の譲渡について

　社債及び新株予約権付社債の譲渡等に関しては、以下のとおり、権利移転の効力要件や対抗要件等につき株式と同様の取扱いがされるものを創設し、また、新株予約権付社債につき新株予約権と同様の譲渡制限制度が設けられました。

(1) 権利移転の要件等

　従来から、ほとんどのケースで無記名式が用いられ、特に無記名社債については、善意取得が認められていました。一方、記名社債については、移転の対抗要件として、社債原簿に取得者の氏名及び住所、債券にその氏名の記載が要求されていました。

　会社法では、社債及び新株予約権付社債について、権利移転の効力要件及び対抗要件等につき株式と同様の取扱いがされるものが創設され、現行の記名社債に係る規定の整備がなされました。

　社債券が発行されている場合には、その社債券の交付により、譲渡の効力が発生します（会社法688①）。記名債券の場合には、社債を取得した者の氏名又は名称及び住所を社債原簿に記載し又は記録しなければ、社債発行会社に対抗することはできません（会社法688①②）。無記名債券の場合には、社債券の占有自体が対抗要件となります。

　社債の占有者は、その社債券に係る社債についての権利を適法に有するものと推定され（会社法689①）、社債を占有する者から交付を受けた場合には、その者に悪意又は重大な過失があるときを除き、社債を取得（善意取得）します（会社法689②）。

(2) 譲渡制限

　新株予約権付社債について、新株予約権と同様の譲渡制限制度が設けられることとなりました（会社法236①六、236②、262）。

(3) 社債券不発行制度

　旧商法では、社債につき、社債券の発行が予定されていました（旧商法306①、308）。ただし、「社債等の振替に関する法律」に規定する社債の譲渡については、社債券の発行ができませんでした（旧社債等の振替に関する法律67①）。

　株式は、平成16年の商法改正によって、株式の権利移転につき、株式の不発行制度

が導入されており、それと同様に、会社法では、社債券の不発行制度が設けられました（会社法676六）。

(4) 社債に係る社債原簿管理人

旧商法上、株式の名義書換代理人の設置は、株主に関わる事項として定款の定めが要求されていましたが（旧商法206②）、社債の場合には、株式とは何ら関係ない場合もあるので、会社法では、社債に係る名義書換代理人については、「社債原簿管理人」と名称を変更し、定款にこれを置く旨の定めがない場合であっても、業務執行機関の決定により、これを置くことができることが認められました（会社法683）。

5 社債の銘柄統合について

社債の銘柄統合（発行日が異なる社債を1種類の社債として取り扱うこと）を可能とするため、法務省令において、社債の内容を種類ごと（例：利率・期限ごと）に特定することとなります。この結果、社債発行のロットを大型化することが可能となります（会社法681一、715、会社法施行規則165）。

6 株式会社の計算について

1 会計原則と会計帳簿について

(1) 会計の原則

会社法第431条は、「株式会社の会計は、一般に公正妥当と認められる企業会計の慣行に従うものとする」と定めています。これは、旧商法第32条第2項において「商業帳簿ノ作成ニ関スル規定ノ解釈ニ付テハ公正ナル会計慣行ヲ斟酌スベシ」と規定されていた内容に相当する規定ですが、表現が二つ異なっています。

第一は、「斟酌スベシ」という規定が「従う」となっている点です。「斟酌」という用語は、会計慣行に従わない会計処理を認容することを意味していなかったため、「従う」という表現となっても、実質的な変更ではありません。

第二は、「規定の解釈」に関する規定であったものを「株式会社の会計」と変更されています。旧商法においても、規定のないものは、公正なる会計慣行に従うと解釈されていましたので、この表現の変更も実質的な変更ではありません。

(2) 会計帳簿の作成保存義務

会社法では、株式会社は、法務省令（会社計算規則4）で定めるところにより、適時に、正確な会計帳簿を作成しなければなりません（会社法432①）。また、株式会社は、会計帳簿の閉鎖の時から10年間、その会計帳簿及びその事業に関する重要な資料を保存しなければならないことになっています（会社法432②）。

(3) 株主による会計帳簿閲覧権

会社法において、会計帳簿閲覧権の規定は、旧商法の規定がそのまま維持されていますが、会計帳簿を閲覧請求できる株主の要件について、変更がなされています。旧商法では、議決権基準で100分の3以上を有する株主とされていましたが（旧商法293ノ6）、会社法第433条第1項では、「総株主の議決権の100分の3（これを下回る割合を定款で定めた場合にあっては、その割合）以上の議決権を有する株主又は発行済株式（自己株式を除く。）の100分の3（これを下回る割合を定款で定めた場合にあっては、その割合）以上の数の株式を有する株主」と、議決権基準に加え、株式数基準も導入されています。この基準の導入により、議決権制限株式や相互保有株式により議決権を行使することができない株主であっても、一定割合以上の出資をしている場合には、会計帳簿の閲覧・謄写の請求をすることができることとすることが相当であると考えられたためです。

2 計算書類について

(1) 計算書類の内容

① 計算書類の体系

旧商法では、貸借対照表、損益計算書、営業報告書、利益処分案（損失処理案）を計算書類と位置づけていました。会社法では、株主への配当が株主総会の決議でいつでも可能となること（会社法454）、会社からの財産流出を伴わない剰余金の計数変動を行うことも事業年度を通じて何回でも可能となったこと（会社法452）、役員賞与については、職務執行の対価とみなされ、会社法第361条の規律に従うことになったため、決算後の利益処分の方法をまとめた利益処分案の作成は、不要となりました。

また、営業報告書は、名称が事業報告に変更され、計算書類には該当しなくなり、監査役会（監査役）の監査対象ではありますが、会計監査人の監査対象ではなくなっています。これは、一部会計事象もありますが、非会計事象も多く記載されるため、計算書類に含めることが適当でないと考えられたことによります。

会社法上、計算書類は、貸借対照表、損益計算書、株主資本等変動計算書、個別注記表をいいます（会社法435②、会社計算規則91①）。会社法では、株主資本等変動計算書、

株式会社・有限会社はこう変わった II

個別注記表が新たな計算書類となっています。

旧商法	貸借対照表、損益計算書、利益処分案（損失処理案）、営業報告書、附属明細書

会社法	貸借対照表、損益計算書、株主資本等変動計算書、事業報告、個別注記表、附属明細書

なお、個別貸借対照表の純資産の部及び連結貸借対照表の純資産の部は、以下のように表示方法が変更となっていますので、留意が必要です。

① 個別貸借対照表の「純資産」の部の表示

```
（純資産の部）
  Ⅰ　株主資本
    1　資本金
    2　新株式申込証拠金
    3　資本剰余金
     (1)　資本準備金
     (2)　その他資本剰余金
    4　利益剰余金
     (1)　利益準備金
     (2)　その他利益剰余金
         ○○積立金
         繰越利益剰余金
    5　自己株式
    6　自己株式申込証拠金
  Ⅱ　評価・換算差額等
    1　その他有価証券評価差額金
    2　繰延ヘッジ損益
    3　土地再評価差額金
  Ⅲ　新株予約権
```

←「資本の部」から「純資産の部」に変わる。

←資本金及び資本準備金減少差益、自己株式処分差益などの内訳は表示しない。
（内訳は、「株主資本等変動計算書」で把握できる。）

←当期未処分利益（当期未処理損失）に代わるもの。
（P/Lの末尾は「当期純利益」になり、それより下の各項目は、「株主資本等変動計算書」に記載される。）

←資産の部・負債の部から移転。税効果を調整する。

←負債の部から移転。

② 連結貸借対照表の「純資産」の部の表示

```
（純資産の部）
  Ⅰ　株主資本
    1　資本金
    2　新株式申込証拠金
    3　資本剰余金
    4　利益剰余金
    5　自己株式
    6　自己株式申込証拠金
  Ⅱ　評価・換算差額等
    1　その他有価証券評価差額金
    2　繰延ヘッジ損益
    3　土地再評価差額金
    4　為替換算調整勘定
  Ⅲ　新株予約権
  Ⅳ　少数株主持分
```

←「資本の部」から「純資産の部」に変わる。

←資産の部・負債の部から移転。税効果を調整する。

←負債の部から移転。

② 株主資本等変動計算書

　株主資本等変動計算書とは、損益計算書を経由しない資本取引による資本金、準備金、剰余金の計数変動を記録した計算書類をいいます。

　旧商法においては、資本金・準備金を減少することによる剰余金の増加や、自己株式の処分による剰余金の額の変動、自己株式の消却による剰余金の額の減少など、いわゆる損益取引以外の取引が行われることにより、資本の部の計数が変動することとなる事象が数多く存在していました。

　これらの行為による変動の一部は、損益計算書の末尾（旧商法施行規則101）、一部は、附属明細書で明らかにされることとされていましたが、すべてが補足されていたわけではありませんでした。

　このため、会社法においては、純資産の部の計数の変動を明らかにするための計算書類として、次ページのように株主資本等変動計算書が新設されました。

株式会社・有限会社はこう変わった II

● 純資産の各項目を横に並べる様式
《株主資本等変動計算書》

	株主資本											評価・換算差額等(*2)			新株予約権	純資産合計
	資本金	資本剰余金			利益剰余金					自己株式	株主資本合計	その他有価証券評価差額金	繰延ヘッジ損益	評価・換算差額等合計(*3)		
		資本準備金	その他資本剰余金	資本剰余金合計(*3)	利益準備金	任意積立金等(*1)			繰越利益剰余金	利益剰余金合計(*3)						
						××積立金	圧縮積立金	任意積立金等合計(*3)								
前期末残高	×××	×××		×××	×××	×××		×××	×××	×××	△×××	×××	×××	×××	×××	×××	×××
当期変動額(*4)																	
新株の発行	×××	×××		×××								×××					×××
剰余金の配当			×××						△×××	△×××		△×××					△×××
圧縮積立金の積立							×××	×××	△×××			×××					×××
圧縮積立金の取崩							△×××	△×××	×××			×××					×××
当期純利益									×××	×××		×××					×××
××××××																	
当期変動額(純額)													(*5)×××	(*5)×××	×××	(*5)×××	×××
当期変動額合計	×××	×××	-	×××	-	×××		×××	×××	×××	-	×××	×××	×××	×××	×××	×××
当期末残高	×××	×××	×××	×××	×××	×××	×××	×××	×××	×××	△×××	×××	×××	×××	×××	×××	×××

(*1) 任意積立金等については、前期末残高、当期変動額及び当期末残高の各合計額を株主資本等変動計算書に記載し、任意積立金等の内訳科目ごとの各金額を注記により開示することができる。

(*2) 評価・換算差額等については、前期末残高、当期変動額及び当期末残高の各合計額を株主資本等変動計算書に記載し、評価・換算差額等の内訳科目ごとの各金額を注記により開示することができる。

(*3) 各合計欄の記載は省略することができる。

(*4) 株主資本の各項目の当期変動額は、変動事由ごとにその金額の記載は、概ね貸借対照表における表示の順序による。

(*5) 株主資本以外の各項目の当期変動額は、変動事由ごとにその金額を株主資本等変動計算書に記載する。また、株主資本以外の各項目について、変動事由ごとにその金額を株主資本等変動計算書に注記又は記載することにより表示することができる。概ね株主資本の各項目に関係する変動事由の次に記載する。

③　個別注記表

　旧商法においては、計算書類に関する各注記事項は、貸借対照表又は損益計算書に注記すべき事項として規定されており、貸借対照表又は損益計算書の末尾等に記載されることとされていました（旧商法施行規則46）。

　会社法では、注記事項の中には、貸借対照表又は損益計算書のいずれか一方のみと関連づけて記載することが適切でないものもありますので、注記事項を抽出した書面を計算書類として独立させています。ただし、必ずしも注記に関する一覧表の作成を強制されているものではなく、従来のように各計算書類の末尾に記載することも認められています（会社計算規則89③）。

(2)　計算書類等の監査

　旧商法では、会計監査人は、営業報告書についても、会計に関する部分は監査することになっていました（旧商法特例法2①）。しかし、「会計に関する部分」の意味が明確とはいえないため、会社が法定で定められた事項以外の事項を記載するとした場合、会計に関する部分が監査対象となり、会計監査人の負担が重くなる結果、会社が開示に慎重になるという悪影響があるといわれていました。

　会社法では、会計監査人の監査の対象部分を明確にし、その責任を負う範囲を明確にする観点から、会計監査人の監査に必要な事項は、計算書類又はその附属明細書に移動させたうえで、会計監査人の監査対象は、計算書類及びその附属明細書となりました。表で示しますと、次のとおりです。

区　分	会計監査人設置会社 会計監査人の監査対象	会計監査人設置会社 監査役の監査対象	会計監査人非設置会社 監査役の監査対象
計算書類（貸借対照表、損益計算書、株主資本等変動計算書、個別注記表）及びその附属明細書	○	○	○
事業報告及びその附属明細書	×	○	○

(3)　計算書類の承認

　旧商法においては、取締役会における承認後、会計監査人及び監査役（監査役会）に計算書類が提出されていました（旧商法特例法12①）。監査の結果、計算書類が適法でないことが発見された場合、計算書類は、取締役会で機関決定されている以上、修正せずに不適法意見とともに、株主総会へ提出しなければならないかと解釈される疑義がありました。また、会計監査人あるいは、監査役（監査役会）から指摘事項があ

ったとしても、機関決定を盾に、修正をしにくい状況がありました。そこで会社法では、理論的には、監査結果を判断材料として、計算書類を機関決定すべきですので、監査役（監査役会）及び会計監査人の監査を受けた後に、取締役会の承認が必要という規定が新たに定められました（会社法436③）。

(4) 決算、監査及び定時株主総会日程

旧商法等では、計算書類を監査役（監査役会）、監査委員会、会計監査人に提出する期日が、定時株主総会を起点として、8週間前（中会社で7週間、小会社で5週間）と規定されていたため、仮に早く監査が終了したとしても、株主総会日を前倒しにすることが困難でした。

会社法においては、定時株主総会の開催時期を柔軟に設定できるよう、計算書類の作成に要する期間、監査に要する期間及び株主総会の招集通知の発出期限の3つの変数を考慮して、決算、監査及び定時株主総会日程を決定することができるようになりました。

	旧 商 法	会 社 法
大会社	取締役は、監査役会・会計監査人に対し、定時総会の会日の8週間前までに計算書類を提出する（旧商法特例法12①）	Ⅰ 会計監査報告の通知期限等 (1) 計算書類（①～③のいずれか遅い日）（会社計算規則158） 　① 計算書類の全部を受領した日から4週間を経過した日 　② 附属明細書を受領した日から1週間を経過した日 　③ 特定取締役、特定監査役及び会計監査人の間で合意により定めた日があるときは、その日 (2) 連結計算書類 　連結計算書類の全部を受領した日から4週間を経過した日（特定取締役、特定監査役及び会計監査人の間で合意により定めた日がある場合にあっては、その日） Ⅱ 監査役の監査報告の通知期限等 (1) 計算書類（①、②のいずれか遅い日） 　（会社計算規則160） 　① 会計監査報告を受領した日から1週間を経過した日 　② 特定取締役及び特定監査役の間で合意により定めた日があるときは、その日 (2) 連結計算書類 　連結計算書類の会計監査報告を受領した日から1週間を経過した日（特定取締役及び特定監査役の間で合意により定めた日がある場合にあっては、その日）

中会社	取締役は、監査役に対し、定時総会の会日の7週間前までに計算書類を提出する（旧商法281ノ2①）	Ⅰ　監査役の通知期限等（①～③のいずれか遅い日）（会社計算規則152） ①　計算書類の全部を受領した日から4週間を経過した日 ②　附属明細書を受領した日から1週間を経過した日 ③　特定取締役及び特定監査役の間で合意により定めた日があるときは、その日
小会社	取締役は、監査役に対し、定時総会の会日の5週間前までに計算書類を提出する（旧商法特例法23①）	

(5) 決算公告

　旧商法及び有限会社法では、株式会社には決算公告の義務がありましたが、有限会社は公告不要となっていました。会社法においては、株式譲渡制限の有無、機関設計のいかんを問わず、「法務省令（会社計算規則164）で定めるところにより、定時株主総会の終結後遅滞なく、貸借対照表（大会社にあっては、貸借対照表及び損益計算書）を公告しなければならない」（会社法440①）と株式会社には、決算公告を義務づけています。

　公告方法は(1)官報に掲載、(2)時事に関する事項を掲載する日刊新聞紙に掲載、(3)電子公告のいずれかを定款で定めることができます（会社法939）。このうち、公告方法が(1)又は(2)の場合は、貸借対照表（大会社は貸借対照表及び損益計算書）の要旨を公告することで足りるとされています（会社法440②、会社計算規則164～176）。

　また、定時株主総会終結後、5年間継続して貸借対照表（大会社は貸借対照表及び損益計算書）を、インターネット上に表示する場合は公告の必要はありません。ただし、この場合、当該Webサイトのアドレスを登記する必要があります（会社法440③、911③二十七、会社法施行規則220①）。

　なお、有価証券報告書提出会社は、EDINET等で決算公告で開示すべき内容よりも詳細な情報を開示しているため決算公告義務を免除されています（会社法440④）。

> **コラム：電子公告って何**
>
> 　電子公告とは、株式会社が会社法上の公告（法定公告）を行う方法の1つで、公告する内容をインターネット（Webサイト）に掲載することで株主や債権者に通知を行うことをいいます。
>
> 　従来、株式会社が公告を行う場合、官報（ないし日刊新聞紙）に掲載する方法のみが許されていましたが、2005年2月の電子公告法（電子公告制度の導入のための商法等の一部を改正する法律）施行により、電子公告を選択することができるようになりました。

決算公告に関しては、2001年の旧商法改正で"一定の電磁的方法"が公告代替手段として認められていましたが、2005年からは資本減少や準備金減少、合併、会社分割などに関する公告もWebサイトを使うことができるようになりました。

　決算公告や株券提出公告などは従来、官報又は日刊新聞紙を指定（定款で定める）して掲載することになっていましたが、日刊紙全国版に掲載する場合、かなりのコストがかかっていました。これを電子公告に切り替えれば、大幅なコスト減になります。

　また、資本減少や合併、会社分割などの債権者への公告は官報掲載と定められていますが、定款で電子公告を指定している場合、電子公告も同時に行うことで債権者への個別催告が省略できます（一部省略不可のものもある）。

　電子公告は事後の書替えが容易でそのままでは証拠が残らないことから、法務大臣に登録された調査機関の調査を受けなければなりません（決算公告は調査不要）。

　調査依頼を受けた調査機関は公告開始日前に所定の内容を法務省オンライン申請システムで報告し、公告期間中は定期的（6時間に1度以上）に当該公告ページをチェックして、その結果を電子公告を行った会社に通知します。この調査結果通知が公告を行ったことを示す客観的証拠資料となり、登記申請の際の添付書面として利用されます。

　なお、電子公告であっても従来の公告方法同様、虚偽・不正な公告をした場合には、民事上・刑事上の責任を問われることがあります。

(6) 臨時計算書類

　会社法では、株式会社は、各事業年度に係る計算書類以外に、臨時決算日を定め、臨時計算書類（臨時決算日における貸借対照表及び臨時決算日が属する事業年度の初日から臨時決算日までの期間に係る損益計算書）を作成することができます。臨時計算書類は、法務省令（会社計算規則92）で定めるところにより、監査役又は会計監査人（委員会設置会社にあっては、監査委員会及び会計監査人）の監査を受けなければなりません（会社法441②）。

　取締役会設置会社の場合には、取締役会の承認が必要です（会社法441③）。したがって、監査役又は会計監査人設置会社で、取締役会設置会社の場合には、監査役又は会計監査人の監査を受けた臨時計算書類について、取締役会の承認が必要となります。

　臨時計算書類は、原則として次のような株主総会での承認が必要となっています。

機 関 類 型	株主総会で承認が必要な臨時計算書類
1　監査役設置会社又は会計監査人設置会社（いずれも取締役会設置会社を除く）	監査役又は会計監査人の監査を受けた臨時計算書類

2	取締役会設置会社	取締役会の承認を受けた臨時計算書類（監査役設置会社又は会計監査人設置会社は、それぞれの監査を受けたもの）
3	上記1、2以外の会社	臨時計算書類

ただし、次のいずれにも該当する場合には、株主総会の承認は不要となっています（会社計算規則163）。

> 1　承認特則規定に規定する計算関係書類についての会計監査報告の内容に会社計算規則第154条第1項第2号イに定める事項が含まれていること（会計監査報告が無限定適正意見であること）。
> 2　1の会計監査報告に係る監査役、監査役会又は監査委員会の監査報告（監査役会設置会社にあっては、会社計算規則第156条第1項の規定により作成した監査役会の監査報告に限る。）の内容として会計監査人の監査の方法又は結果を相当でないと認める意見がないこと。
> 3　会社計算規則第156条第2項後段又は第157条第1項後段の規定により1の会計監査報告に係る監査役会又は監査委員会の監査報告に付記された内容が2の意見でないこと（監査報告の付記内容に、会計監査人の監査方法又は結果を相当でないと認める意見がないこと）。
> 4　承認特則規定に規定する計算関係書類が会社計算規則第160条第3項の規定により監査を受けたものとみなされたものでないこと（特定監査役が監査役の監査報告の内容の通知をすべき日までに通知しなかったことにより、通知すべき日に監査を受けたものとみなされたものではないこと）。
> 5　取締役会を設置していること。

　臨時計算書類は、分配可能額の計算において、臨時決算日が属する事業年度の初日から臨時決算日までの間の期間損益を分配可能額に反映させることができ（会社法461②二イ、五）、同期間に処分した場合の自己株式の対価の額を分配可能額に加算することができます（会社法461②二ロ）。

(7)　連結計算書類

　連結計算書類とは、会社及びその子会社から成る企業集団の財産及び損益の状況を示すために必要かつ適当なものとして法務省令で定めるものをいい、具体的には、連結貸借対照表、連結損益計算書、連結株主資本等変動計算書、連結注記表をいいます（会社法444①、会社計算規則93）。連結計算書類は、平成14年の商法改正により導入されましたが、会社法においても、これをそのまま引き継いでいます。
　会計監査人設置会社は、各事業年度に係る連結計算書類を作成することができますが（会社法444①）、その作成が義務付けられるのは、事業年度末日において大会社で

あって、かつ、証券取引法上の有価証券報告書提出会社に限られています（会社法444③）。

連結計算書類は、監査役（委員会設置会社では監査委員会）及び会計監査人の監査を受けた上で、取締役会で承認し、定時株主総会招集通知時に株主に提供した上で、総会で提出・提供し、その内容と監査の結果を報告します（会社法444④～⑦、会社計算規則149～163）。

個別計算書類、臨時計算書類、連結計算書類の体系は、次のとおりです。

個別計算書類 （会社法435②）	貸借対照表
	損益計算書
	株主資本等変動計算書
	個別注記表
臨時計算書類 （会社法441①）	貸借対照表
	損益計算書
連結計算書類 （会社計算規則93）	連結貸借対照表
	連結損益計算書
	連結株主資本等変動計算書
	連結注記表

3 剰余金の分配可能額の計算方法の見直し

(1) 財源規制を課す剰余金の分配の範囲

剰余金の分配に関する改正については、従来、配当規制、自己株式取得、減資等それぞれ規定されており、根拠規定も異なっていたのを「剰余金の分配」として整理し、統一的に財源規制をかけることとしました。また、分配対象は金銭だけではなく現物も可能とされたほか、分配の機会も拡大されました。

従来の利益配当・中間配当、資本金・法定準備金の取崩しに伴う払戻し、自己株式の取得は、いずれも会社財産の株主への払戻しでありますが、それぞれ別々に規定され、根拠条文、限度額も異なっていました。資本金の減少については、株主総会の特別決議と債権者保護手続が課されており、法定準備金の減少については、使途を資本欠損のためのてん補と資本組入れに限定し、欠損てん補は株主総会の普通決議が必要で、資本組入れは取締役会決議を得ることと厳格に規定されていました。

しかし、ここ数年来の商法改正により、取締役会決議で資本準備金を用いた自己株式の消却が認められるとともに、資本金・法定準備金の減少額がその他資本剰余金とされ、配当財源に含まれることとなりました。その結果、資本金・法定準備金の取崩しに伴う払戻しと利益配当・中間配当、自己株式の取得とは大きな違いがなくなり、

ともに「利益及びその他資本剰余金」という、いわゆる「剰余金」を払い戻す行為といえるので、会社法では、これらを「剰余金の分配」という概念にまとめ、それぞれの行為を区分することなく統一的に財源規制を適用することとしました（会社法461）。

自己株式の有償取得も「剰余金の分配」に含まれ、この財源規制の対象に入りますが、次のように会社が不可避的に取得するもの、法律の規定に基づいて取得するものは、この規制の対象には入りません。

> ① 合併、分割及び事業全部の譲受により、相手方の有する自己の株式を取得する場合（会社法155十～十二）
> ② 合併、分割、株式交換、株式移転、事業譲渡及び事業譲受の際の反対株主の買取請求に応じて買い受ける場合（会社法469、785、797、806）
> ③ 単元未満株主の買取請求に応じて買い受ける場合（会社法192）

なお、建設利息は、設立後一定の期間内は剰余金がない場合においても、株主に対して会社財産を払い戻すことを認める制度（旧商法291）でしたが、旧制度でも資本金を減少させ、これを株主に分配することが認められていましたので、この制度は廃止されることになりました。

(2) 剰余金の額の計算方法

旧商法では、純資産から資本金・法定準備金・時価評価したことによる純資産増加額等を控除して、配当可能利益を算出していました。ところが最近の商法改正により、資本の部の構成や勘定科目が複雑になったため、旧商法の規定が必ずしも合理的な方法とはいえない状況になっていました。

このため会社法では、分配可能額について、旧商法の実質を変更することなく規定を整理しました（会社法461②）。

分配可能額の計算にあっては、剰余金の額を計算のスタートとするため、まず、剰余金の額の金額を理解する必要があります。

剰余金の額は、勘定科目に着目した概念であり、資本剰余金及び利益剰余金に分類される科目のうち、資本準備金と利益準備金の科目を除いたものと定義できます。また、その項目の期中の変動を反映させれば、一定の日の剰余金の額が計算できます。

① 期末剰余金の額の計算

剰余金の額は会社法第446条に規定されています。図解すると次のようになります。

> ■ 第1段階：期末の剰余金の額＝（資産＋自己株式－負債－資本金－準備金－その他法務省令で定める各勘定科目に計上した額）（会社法446一）
> ■ 第2段階：その他法務省令で定める各勘定科目に計上した額（会社計算規則177）

> ①－（②＋③＋④）
> ① 期末日の資産の額及び自己株式の帳簿価額の合計額
> ② 期末日の負債の額及び資本金及び準備金の合計額
> ③ その他資本剰余金の額
> ④ その他利益剰余金の額

　この計算式では、第1段階で、純資産の部の資本金、準備金以外の金額を算出しています。第2段階では、純資産の部の評価・換算差額等、新株予約権の金額を算出しています。第1段階から第2段階の金額を控除すると結局、その他資本剰余金、その他利益剰余金が期末剰余金の金額となります。

　図解すると次の図のアミ掛け部分となります。

事業年度末	一定の日
（純資産の部） Ⅰ　株主資本 　1　資本金 　2　新株式申込証拠金 　3　資本剰余金 　　(1)　資本準備金	
(2)　その他資本剰余金(注)	一定の日までの増減額
4　利益剰余金 　　(1)　利益準備金	
(2)　その他利益剰余金 　　　○○積立金 　　　繰越利益剰余金	一定の日までの増減額
5　自己株式 　6　自己株式申込証拠金 Ⅱ　評価・換算差額等 　1　その他有価証券評価差額金 　2　繰延ヘッジ損益 　3　土地再評価差額金 Ⅲ　新株予約権	

（注）　資本金及び資本準備金減少差益、自己株式処分差益などが含まれます。

〈剰余金の計算事例1〉

科　目	ケース1
資　産	10,000
負　債	3,300
（純資産の部）	6,700
Ⅰ　株主資本	7,200
1　資本金	5,000
2　新株式申込証拠金	0
3　資本剰余金	900
(1)　資本準備金	600
(2)　その他資本剰余金	300
4　利益剰余金	1,400
(1)　利益準備金	400
(2)　その他利益剰余金	1,000
○○積立金	
繰越利益剰余金	
5　自己株式	−100
6　自己株式申込証拠金	0
Ⅱ　評価・換算差額等	−500
1　その他有価証券評価差額金	−200
2　繰延ヘッジ損益	0
3　土地再評価差額金	−300
Ⅲ　新株予約権	0

〈計算式〉

第1段階＝10,000＋100－3,300－5,000－600－400＝800（その他資本剰余金300＋その他利益剰余金1,000＋評価換算差額等△500＋新株予約権　0）

第2段階＝10,000＋100－（3,300＋5,000＋600＋400＋300＋1,000）＝△500

第3段階：800－△500＝1,300

〈期末剰余金の計算事例2〉

科　目	ケース2
資　産	11,000
負　債	3,300
（純資産の部）	7,700
Ⅰ　株主資本	7,200
1　資本金	5,000
2　新株式申込証拠金	0
3　資本剰余金	900
(1)　資本準備金	600
(2)　その他資本剰余金	300
4　利益剰余金	1,400
(1)　利益準備金	400
(2)　その他利益剰余金	1,000
○○積立金	
繰越利益剰余金	
5　自己株式	−100
6　自己株式申込証拠金	0
Ⅱ　評価・換算差額等	500
1　その他有価証券評価差額金	200
2　繰延ヘッジ損益	0
3　土地再評価差額金	300
Ⅲ　新株予約権	0

〈計算式〉

第1段階＝11,000＋100－3,300－5,000－600－400＝1,800（その他資本剰余金300＋その他利益剰余金1,000＋評価換算差額等500＋新株予約権　0）

第2段階＝11,000＋100－（3,300＋5,000＋600＋400＋300＋1,000）＝500

第3段階：1,800－500＝1,300

② 一定時点での剰余金の額

　一定時点における剰余金は、事業年度末時点における剰余金に、直接（損益計算書を経由しないで）増加減少があった場合に、その変動を考慮した剰余金としています。

　具体的な項目を図解すると、次のようになります。

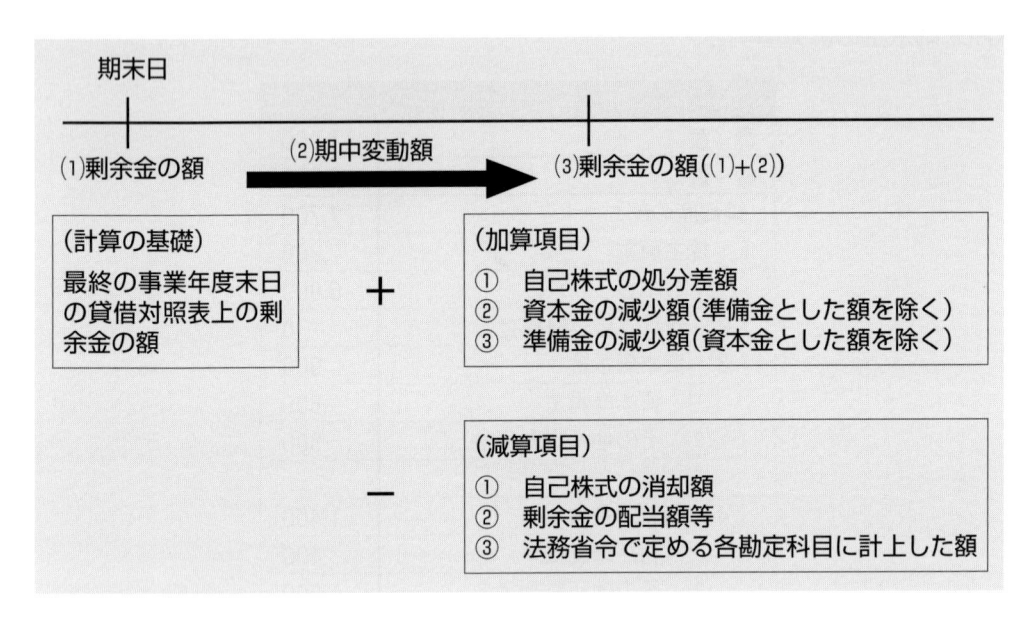

```
          期末日
           |                                              |
   ────────┼──────────────────────────────────────────────┼────────
   (1)剰余金の額        (2)期中変動額              (3)剰余金の額((1)+(2))
                  ───────────────────────▶
```

(計算の基礎) 最終の事業年度末日の貸借対照表上の剰余金の額	＋	(加算項目) ① 自己株式の処分差額 ② 資本金の減少額(準備金とした額を除く) ③ 準備金の減少額(資本金とした額を除く)
	－	(減算項目) ① 自己株式の消却額 ② 剰余金の配当額等 ③ 法務省令で定める各勘定科目に計上した額

上記図の法務省令で定める額とは、次の額のことをいいます（会社計算規則178）。

法務省令で定める各勘定科目に計上した額＝　①＋②＋③－④
① 期末日後に剰余金から資本金への組入れ、又は剰余金から準備金への組入れをした場合の剰余金の減少額
② 期末日後に、剰余金の配当をした場合において、準備金の積立てをすべき額
③ 期末日後に、吸収型再編受入行為をしたときに、自己株式を処分したときの自己株式の処分対価から帳簿価額を控除した額（自己株式の処分差額）
④ 期末日後に、吸収型再編受入行為をしたときのその他の剰余金の増加額

イ　自己株式の処分差額の考え方

　自己株式の処分差額は、自己株式処分対価の額と自己株式の帳簿価額との差額となります。たとえば、期末時点で保有していた自己株式300のうち、簿価で200分だけ、250で処分した場合の仕訳及び計算シートは、次のようになります。

（借）現預金　250	（貸）自己株式　　　　　　　　　200
	自己株式処分益　　　　　 50
	（その他資本剰余金）

株式会社・有限会社はこう変わった

科　目	期末剰余金の額	借	貸	残　高
資　産	9,800	250		10,050
負　債	3,300			3,300
（純資産の部）	6,500			6,750
Ⅰ　株主資本	7,000			7,250
1　資本金	5,000			5,000
2　新株式申込証拠金	0			0
3　資本剰余金				
(1)　資本準備金	600			600
(2)　その他資本剰余金	300		50	350
4　利益剰余金				
(1)　利益準備金	400			400
(2)　その他利益剰余金	1,000			1,000
○○積立金				0
繰越利益剰余金				0
5　自己株式	−300		200	−100
6　自己株式申込証拠金	0			0
Ⅱ　評価・換算差額等				0
1　その他有価証券評価差額金	−200			−200
2　繰延ヘッジ損益	0			0
3　土地再評価差額金	−300			−300
Ⅲ　新株予約権	0			0

　期末剰余金の額は、その他資本剰余金とその他利益剰余金の合計額であるため、自己株式の処分損益は、その他資本剰余金を増減させることになります。

ロ　自己株式の消却額の考え方

　自己株式を消却した場合には、消却される自己株式の帳簿価額分だけ自己株式の帳簿価額が減額され、同額のその他資本剰余金が減額されます。

　期末時点で保有していた自己株式300のうち、簿価で200分だけ消却した場合の仕訳及び計算シートは、次のようになります。

　仕訳で表すと、次のとおりです。

　　　（借）その他資本剰余金　200　　　　（貸）自己株式　　200

自己株式の消却

科　目	期末剰余金の額	借	貸	残　高
資　産	9,800			9,800
負　債	3,300			3,300
（純資産の部）	6,500			6,500
Ⅰ　株主資本	7,000			7,000
1　資本金	5,000			5,000
2　新株式申込証拠金	0			0
3　資本剰余金				
(1)　資本準備金	600			600
(2)　その他資本剰余金	300	200		100
4　利益剰余金				
(1)　利益準備金	400			400
(2)　その他利益剰余金	1,000			1,000
○○積立金				0
繰越利益剰余金				0
5　自己株式	−300		200	−100
6　自己株式申込証拠金	0			0
Ⅱ　評価・換算差額等				0
1　その他有価証券評価差額金	−200			−200
2　繰延ヘッジ損益	0			0
3　土地再評価差額金	−300			−300
Ⅲ　新株予約権	0			0

ハ　吸収型再編受入行為の際の剰余金の考え方

　合併（プーリング法を前提とし、簿価での引継ぎ）に際し、新株の発行に代えて、取得価額100の自己株式を150で一部交付し、その他利益剰余金100を承継しました。

```
（借）資　産  1000     （貸）負　債         750
                          資本金          150
                          利益剰余金       100
（借）資本金  150       （貸）自己株式       100
                          自己株式処分益    50
```

　吸収型再編受入行為をしたときに、自己株式の処分差額を控除しているのは、自己株式の処分差額を加算項目としているため、合併に伴う自己株式処分差額部分のみを一旦取り消し、合併による受入仕訳による増加で増加させることになっています。したがって、上記の例では、自己株式の処分益として、その他資本剰余金が50、利益剰余金が100だけ増加することになります。

合併受入仕訳

科　目	期末剰余金の額	借	貸	残　高
資　産	9,800	1,000		10,800
負　債	3,300		750	4,050
（純資産の部）	6,500			6,750
Ⅰ　株主資本				
1　資本金	5,000			5,000
2　新株式申込証拠金	0			0
3　資本剰余金				
(1)　資本準備金	600			600
(2)　その他資本剰余金	300		50	350
4　利益剰余金				
(1)　利益準備金	400			400
(2)　その他利益剰余金	1,000		100	1,100
○○積立金				0
繰越利益剰余金				0
5　自己株式	−300		100	−200
6　自己株式申込証拠金	0			0
Ⅱ　評価・換算差額等				0
1　その他有価証券評価差額金	−200			−200
2　繰延ヘッジ損益	0			0
3　土地再評価差額金	−300			−300
Ⅲ　新株予約権	0			0

(3)　分配可能額の計算方法　(会社法461②)

　剰余金の額を期末及び一定時点で算出しましたが、その剰余金の全額が分配可能額となるわけではなく、剰余金の額を基準として分配可能額とすることが適切でない額を控除することで、分配可能額を計算する仕組みとなっています。

剰余金の額

＋

（加算項目）
① 臨時計算書類を作成した場合
　・臨時会計年度の利益の額
　・臨時会計年度で処分した自己株式の対価の額

−

（減算項目）
① 自己株式の帳簿価額
② 自己株式の処分対価の額
③ 臨時計算書類を作成した場合
　・臨時会計年度の損失の額
④ 法務省令で定める各勘定科目に計上した額

① 自己株式の帳簿価額

　自己株式の帳簿価額は、過去に株主に対して株式の取得と引き換えに、剰余金の払戻しを実施しており、その金額は分配可能額の計算上、控除します。

② 最終事業年度末日後の自己株式の処分対価の額

　自己株式の処分を実施すると、①の場合と逆になり、会社の純資産額は、自己株式の対価相当額だけ分配可能額が増加することになります。

　たとえば、期末時点で保有していた自己株式300のうち、簿価で200分だけ、250で処分した場合の仕訳及び計算シートは、次のようになります。

```
（借）現預金　250　　（貸）自己株式　　　　　　　　200
　　　　　　　　　　　　　　自己株式処分益　　　　　 50
　　　　　　　　　　　　　　（その他資本剰余金）
```

自己株式の処分

科　目	期末剰余金の額	借	貸	残　高
資　産	10,300	250		10,550
負　債	3,300			3,300
（純資産の部）	7,000			7,000
Ⅰ　株主資本				
1　資本金	5,000			5,000
2　新株式申込証拠金	0			0
3　資本剰余金				
(1)　資本準備金	600			600
(2)　その他資本剰余金	300		50	350
4　利益剰余金				
(1)　利益準備金	400			400
(2)　その他利益剰余金	1,000			1,000
○○積立金				0
繰越利益剰余金				0
5　自己株式	−300		200	−100
6　自己株式申込証拠金	0			0
Ⅱ　評価・換算差額等				0
1　その他有価証券評価差額金	0			0
2　繰延ヘッジ損益	0			0
3　土地再評価差額金	0			0
Ⅲ　新株予約権	0			0

　自己株式を処分することにより、250だけ分配額が増加しています。これは、自己株式の減少による増加200と自己株式処分差額50の合計額となっています。

したがって、自己株式の処分をそのまま修正しなければ、自己株式処分対価の額250だけ、分配可能額が増加しています。会社法では、通常の決算か臨時決算を経ない限り分配可能額に組み入れないことになっています（会社法461②四）ので、自己株式の処分対価の額を控除することによって、増加した剰余金の額を処分がなかったものとする処理を実施しています。

これは、自己株式の処分は、他の有価証券取引と同様、取引的要素もあることから保守的に考えられたことによります。

③　臨時計算書類を作成した場合

臨時決算とは、事業年度の途中で決算をしその期間内の純利益・純損失及び自己株式対価額を分配可能額に組み入れる手続です。したがって、臨時決算による利益は分配可能額に加算され、損失は減算されます。また、自己株式の処分対価の額も決算を実施しており、②の場合と異なり、加算され分配可能額を構成することになります。

④　法務省令で定める額

法務省令で定める各勘定科目に計上した額の合計額は、イからチまでの合計額からリとヌの合計額を差し引いた金額となります（会社計算規則186）。

イ　のれん等調整額

会社計算規則第186条第1号では、のれん等調整額（資産の部に計上したのれんの額を2で除した額及び繰延資産に計上した額の合計額）を分配可能額の計算上控除することになっています。のれん及び繰延資産は、貸借対照表上の表示は別にして、費用の繰延でしかなく、分配可能額の算定上、資産として計算し、会社財産の払戻し財源とするには、適当でないという考え方によります。

なお、のれんについては、企業結合会計上、発生した対価の額と識別可能な財産の価額の差額であると考えられています。ただし、そののれんの中には、将来の収益によって現実に回収できるものも含まれているため、のれんの全額でなく、2分の1を控除対象と考えています。

㈦　のれん等調整額が、資本等金額（資本金及び準備金）以下の場合

この場合には、資本等金額がのれん等調整額によって発生する可能性のある損失をカバーしていると考えられるため、分配可能額の算定上、控除しません。

$$\text{のれん等調整額} \leqq \text{資本等金額（資本金及び準備金）}$$

㈣　のれん等調整額が、資本等金額（資本金及び準備金）及びその他資本剰余金の額の合計額以下の場合

この場合には、資本等金額でカバーしきれていない部分、つまり「のれん等調整

額」－「資本等金額」を分配可能額から控除します。

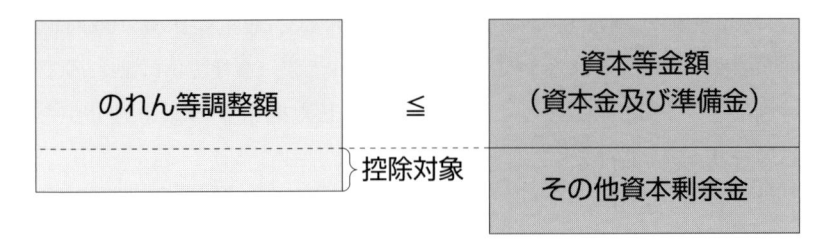

```
┌─────────────┐        ┌─────────────────┐
│             │        │  資本等金額      │
│  のれん等調整額 │   ≦    │ （資本金及び準備金）│
│             │        ├─────────────────┤
│─────────────│        │                 │
│         ｝控除対象    │  その他資本剰余金 │
└─────────────┘        └─────────────────┘
```

(ハ) のれん等調整額が、資本等金額（資本金及び準備金）及びその他資本剰余金の額の合計額を超える場合であって、のれんの2分の1の額が資本等金額及びその他資本剰余金の額の合計額以下の場合

この場合には、(ロ)と同様、資本等金額でカバーしきれていない部分、つまり「のれん等調整額」－「資本等金額」を分配可能額から控除します。

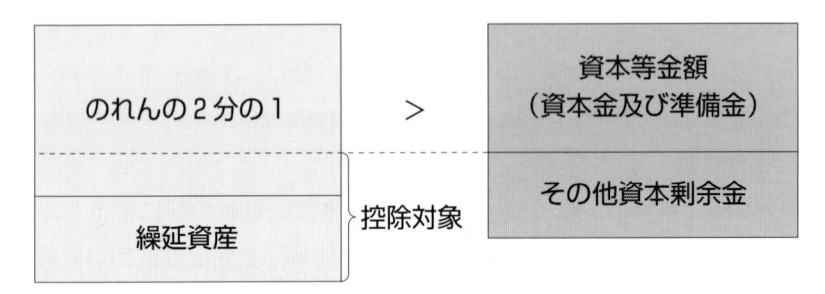

```
┌─────────────┐        ┌─────────────────┐
│             │        │  資本等金額      │
│  のれんの2分の1│   ＞   │ （資本金及び準備金）│
│             │        ├─────────────────┤
│─────────────│        │                 │
│             │        │  その他資本剰余金 │
│  繰延資産    │ ｝控除対象                  │
└─────────────┘        └─────────────────┘
```

(ニ) のれんの2分の1の額が資本等金額及びその他資本剰余金の額の合計額を超える場合

この場合は、その他資本剰余金の額及び繰延資産の額が減額されます。

繰延資産は全額控除されていますが、のれんの2分の1は、その他資本剰余金の額を上限としています。これは、のれんが計上されるのは、組織再編行為による株式の発行に際してであり、その場合には、相手勘定は、資本金・資本剰余金となっているためです。

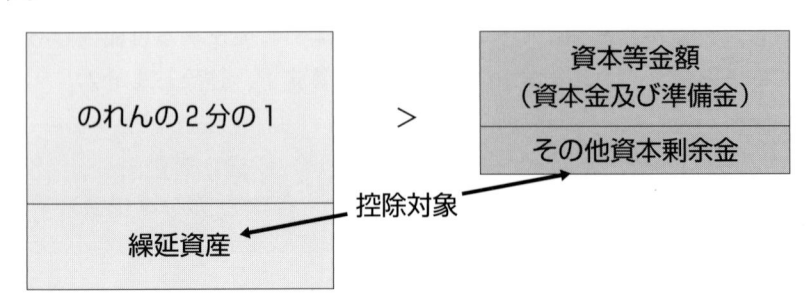

```
┌─────────────┐        ┌─────────────────┐
│             │        │  資本等金額      │
│  のれんの2分の1│   ＞   │ （資本金及び準備金）│
│             │        ├─────────────────┤
│             │        │  その他資本剰余金 │
│─────────────│           ↑
│             │        控除対象
│  繰延資産    │ ←──────┘
└─────────────┘
```

ロ　その他有価証券評価差額金のマイナス金額

その他有価証券評価差額金のうち、マイナス部分つまり、評価差損額のみを分配可

能額から控除しています。その他有価証券評価差額に関する限り、旧商法と内容の変更はありません。売買目的有価証券の評価差損については、当期純損失になり、その他利益剰余金から控除されるので分配可能額には含まれません。一方、売買目的有価証券の評価益については、当期純利益となり、その他利益剰余金の増加となり、分配可能額を増加させます。これは、旧商法において、評価益部分が配当可能利益から控除されていた取扱いと変更されています。売買目的有価証券の場合、換金可能であれば、債権者との関係でも問題は少ないと考えられたことによります。

ハ　土地再評価差額金

土地再評価差損のみが分配可能額から控除されています。これは、旧商法と変更はありません。

ニ　連結配当規制

連結剰余金の額が会社単体の剰余金の額を下回るような場合には、その差額（連単剰余金差損額）を控除することが可能です。株主資本の額からその他有価証券評価差額（マイナスの場合のみ）、土地再評価差額金（マイナスの場合のみ）及びのれん等調整額（のれん等調整額が資本金、資本剰余金及び利益準備金の合計額を超えているときは、それらの合計額）を控除した額を連結と単体で比較し、連結の方が小さい場合にその差額を連単剰余金差損額として分配可能額から控除します。なお、最終事業年度末日後に子会社から親会社である自社の株式を取得した場合には、その子会社に対する持分相当額を控除することになっています。これは、単体における自己株式増加相当分を控除し調整をしています。

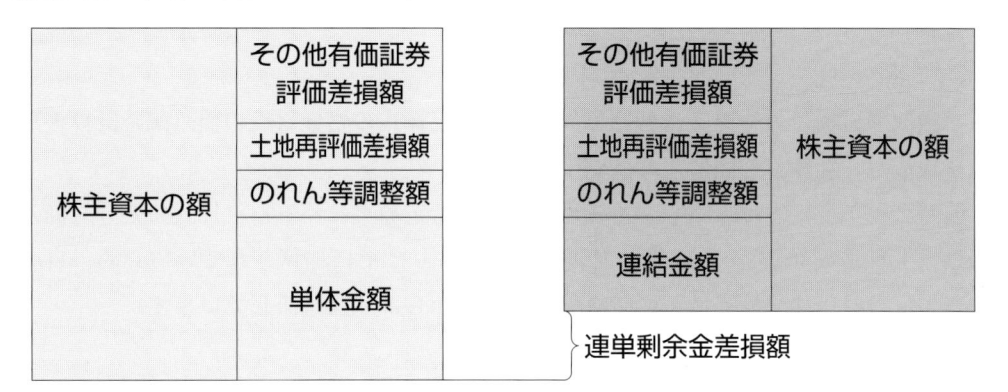

株主資本の額	その他有価証券評価差損額		その他有価証券評価差損額	
	土地再評価差損額		土地再評価差損額	株主資本の額
	のれん等調整額		のれん等調整額	
	単体金額		連結金額	

連単剰余金差損額

なお、連結配当規制は、強行規定でなく、任意規定であり（会社計算規則2③七十二）、連結配当規制を注記で記載した株式会社が配当規制を受けることができます（会社計算規則129①十一、186④）。

ホ　最終事業年度の末日後に最終の臨時計算書類以外の臨時計算書類を作成した場合

2以上の臨時計算書類を作成する場合、最終以外の臨時計算書類分は、最終の臨時計算書類の損益額に含まれるため、重複分を控除する必要があります。

たとえば、4月1日から6月30日までの臨時計算書類を作成し、4月1日から9月30日までの臨時計算書類を作成した場合、後者には、前者の損益データが包含されているため、重複分を控除することになります。

ヘ　300万円不足額

　300万円から、分配可能額に組み入れられない純資産の部の項目を控除し、その差額が残る場合に、これを分配可能額から減額することになります。

　具体的には、資本金及び準備金の額、新株予約権の額、評価・換算差額等の額（差益が生じている場合に限る）が300万円未満の場合には、その差額を減額することになります。したがって、この金額の合計額が300万円未満の場合には、その他資本剰余金、その他利益剰余金等の分配可能な財源があったとしても、分配可能な財源はないことになります。なお、評価・換算差額等の額がマイナスの場合には、すでにロ、ハですでにマイナスしているため、考慮されていません。

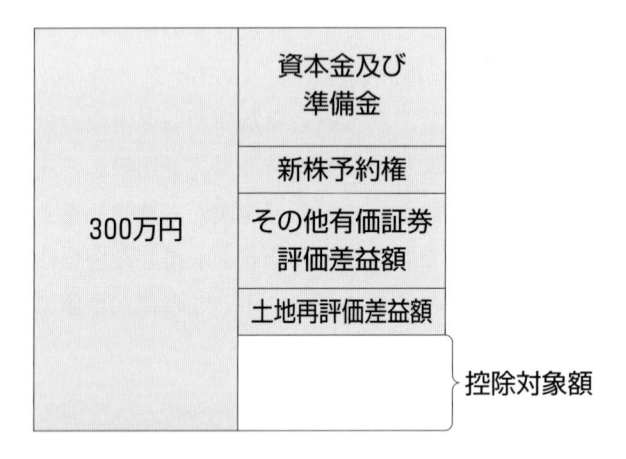

300万円	資本金及び準備金
	新株予約権
	その他有価証券評価差益額
	土地再評価差益額
	控除対象額

ト　吸収型再編受入行為又は特定募集の際の自己株式の処分対価の額（臨時計算書類を作成し、加算した額に限る）

　臨時会計年度における吸収型再編受入行為、特定募集に係る自己株式の処分対価の額は、会社法第461条第2項第2号ロの規定によりすでに加算されているため、自己株式の取得対価については、臨時決算の加算額からは一旦減額しています。

チ　次に掲げる額の合計額

(イ)　最終事業年度末日後に会社計算規則第44条の規定（発起人の支払義務）により増加したその他資本剰余金の額

(ロ)　設立1期目の株式会社が成立の日以後に自己株式を処分した場合における自己株式の対価の額及び会社計算規則第44条の規定（発起人の支払義務）により増加したその他資本剰余金の額の合計額

　発起人等の支払義務が発生するのは、現物出資財産の価額が定款に定めた価額に著しく不足する場合等であり、本来資本を構成すべきものであり、分配可能財源からは

控除されています。

　また、設立1期目の会社が自己株式を処分した場合には、最終事業年度末日後の自己株式の処分対価の額に含まれないため、あえてこの規定を設け、減少要因から漏れないようにしているのです。

リ　自己株式の取得対価として自己株式を交付する場合

　この場合は、自己株式を入れ替えているだけで、実質的な財産の流出はなく、株式を対価として取得した自己株式の帳簿価額を加算します。

　自己株式の取得対価は、会社法第461条第2項の規定により、分配可能額から減額されますが、会社計算規則第186条第9号の規定により再度自己株式の取得価額が加算されることになるので、分配可能額は変動しないことになります。

ヌ　吸収型再編受入行為又は特定募集の際の自己株式の処分対価の額

　再編受入行為で処分する自己株式については、剰余金・分配可能額とも包括的に再編受入行為の前後の剰余金の変動で処理されるため、自己株式の処分対価額を分配可能額から減額する規定を相殺する規定がこの規定です。このことにより、再編受入行為により処分した自己株式の対価の額は、直接分配可能額に組み込まれることになります。

　特定募集とは、全部取得条項付株式を取得した場合に、その取得した株式を取得と同時に他人に処分し、その処分対価で取得対価を支払うものをいいます。この場合、会社を経由しているだけで、会社からの実質財産の流出はありません。したがって、この場合にも自己株式の対価の額は、分配可能額を構成します。

　剰余金及び分配可能額の計算方法をまとめると、次ページの表のようになります。

分配可能額計算表

分配可能額				
剰余金の額の計算	最終事業年度末日における剰余金の額	会社法446	＋	資産の額
			＋	自己株式の帳簿価額
			－	負債の額
			－	資本金及び準備金の合計額
		会社計算規則177	－	資産の額及び自己株式の帳簿価額の合計額
			－	負債の額及び資本金及び準備金の合計額
			＋	その他資本剰余金の額
			＋	その他利益剰余金の額
	最終事業年度末日後の変動額	会社法446	＋	自己株式処分差額（自己株式の対価の額－自己株式の帳簿価額） ※
			＋	資本金減少額（除、準備金振替額）
			＋	準備金減少額（除、準備金組入額）
			－	自己株式消却の帳簿価額
			－	剰余金の配当額（配当財産の帳簿価額等）
		会社計算規則178	－	剰余金の資本又は準備金組入額
			－	剰余金の配当による準備金の要計上額
			－	吸収型再編受入に際しての自己株式処分差額 ※
			＋	吸収型再編受入に際しての資本剰余金及び利益剰余金の増加額 ※
剰余金の額から分配可能額への調整項目		会社法461②	＋	臨時会計年度における利益の額
			＋	臨時会計年度における自己株式の処分対価の額 ＊
			－	自己株式の帳簿価額
			－	最終事業年度の末日後の自己株式処分対価の額 ＊
			－	臨時会計年度における損失の額
		会社計算規則186	－	のれん等調整額（のれん額の2分の1＋繰延資産）
			－	その他有価証券評価差額金（マイナスの場合のみ）
			－	土地再評価差額金（マイナスの場合のみ）
			－	連結配当規制適用会社であるときの所定額（連単剰余金差損額）
			－	2以上の臨時決算をした場合におけるそれ以前の臨時決算部分
			－	300万円不足額（300万円－資本金・準備金、新株予約権、評価換算差額（＋）の合計額）
			－	事業年度末後の組織再編行為に係る自己株式対価の額（臨時会計年度で加算した場合） ＊
			－	事業年度末後の特定募集に係る自己株式対価の額（臨時会計年度で加算した場合） ＊
			－	前事業年度がない株式会社の成立後に自己株式処分対価の額等
			＋	自己株式取得の対価として自己株式を交付する場合
			＋	事業年度末後の吸収型組織再編又は特定募集の際の自己株式の処分対価の額 ＊

※発生したすべての自己株式処分差額から吸収型再編の受入額を一旦控除し、発生しなかったものとし、最後に受入を認識しています。
＊剰余金の計算上、自己株式の処分差額はすべて認識しており、臨時決算、組織再編、特定募集による剰余金の変動は、分配可能額を構成しています。

4 剰余金分配に係る取締役等の責任

■分配可能利益を超えて剰余金の分配をした場合の責任

① 過失責任

　旧商法では、監査役設置会社においては、株主に対して違法配当をした取締役の会社に対する責任は無過失責任であり（旧商法266①一）、委員会等設置会社においては、違法配当を行った執行役の会社に対する責任については、証明責任の転換された過失責任となっていました（旧商法特例法21の18①）。

　会社法では、監査役設置会社と委員会設置会社を区分することなく、証明責任の転換された過失責任となりました（会社法462①）。

② 取締役等の範囲

　責任を負う取締役の範囲について、1）分配可能額を超えて剰余金の分配をした業務執行者である取締役又は執行役、2）総会や取締役会に剰余金分配議案を提案した取締役又は執行役は、分配をした額について支払う義務を負います。また、分配議案の株主総会への提出に同意した取締役、取締役会の決議に賛成した取締役も、同様の弁済責任を連帯して負います（会社法462、会社計算規則187・188）。

③ 責任の減免

　旧商法では、違法配当を行った取締役の会社に対する責任については、株主の全員の同意により免除することが可能となっていました（旧商法266⑤）。しかし、違法配当部分について、会社あるいは債権者から不当利得として返還請求を受ける立場にある株主が、免除をできることについての問題点が指摘されていました。

　そこで会社法では、分配可能額を超えて配当した部分については、総株主の同意があっても免除できないことになりました（会社法462③）。したがって、分配可能額までは、総株主の同意で免除できます。

④ 期末のてん補責任

　旧商法上、中間配当及び自己株式の買受けに関しては、その年度の終了時に配当可能限度額がなくなるおそれがある場合には、行うことができないことになっており、予想に反し営業年度終了時に配当可能限度額がなくなった場合には、中間配当や自己株式の買受けを実施した取締役は、過失がないことを証明しない限り、てん補責任を負っていました（旧商法293ノ5④⑤、210ノ2①②）。

　しかし、金融商品会計、減損会計の導入により、営業年度末に配当可能限度額があるかどうかについて予測が困難な面があり、また、金銭の払戻しを伴っていないことから、てん補責任の軽減が検討されましたが、旧商法の規定が継続しています。会社法では、責任を負うことになる剰余金分配行為が列挙されています（会社法465①）。

　その中で、期末のてん補責任を課さない分配としては、次の2つがあります（会社

法465①十）。

> イ　定時総会の決議に基づく株主に対する剰余金の配当
> →旧商法の利益処分について、事後的なてん補責任を課さないとする従来の制度の維持です。
> ロ　資本金・資本準備金の減少に併せて剰余金を分配する場合において、分配額が減少額以下のとき
> →準備金については、債権者保護手続をとることなく、欠損のてん補に充当することができるよう会社法では変更されるため、事前の財源規制の中で分配した場合には、てん補責任を課す必要がないからです。

　また、従来は、期末てん補責任が課される剰余金の分配の範囲は、決算日から次の決算日までとなっていました。会社法では、剰余金の分配可能額の算定が、決算期ではなく決算の確定時に変更されたため、てん補責任が課される剰余金の分配の範囲は、決算の確定時から次の決算の確定時までとされました（会社法465）。
　また、期中に配当された剰余金額を分配可能額の算定の際に考慮することになったため、分配可能額の判定の際には、その間の剰余金の増減を考慮することになりました（会社法465）。

●分配可能額を超えて剰余金の分配をした場合の責任

責任を負うべき者	責任の範囲
・分配可能額を超えて剰余金の分配をした取締役又は執行役 ・分配議案を作成した取締役又は執行役	分配額について弁済責任を負う
・分配議案の株主総会への提出に同意した取締役 ・取締役会の決議に賛成した取締役	分配額について連帯責任を負う

(注)　1　自己の無過失を立証すれば責任を負わない。
　　　2　弁済責任は、一部免除の対象とはならない。また、分配可能額を超えて分配された部分については、株主全員の同意による免除は認められない。

5　剰余金の分配手続の見直し

(1)　分配の機会

　旧商法上、資本減少や資本準備金の減少に伴う払戻しや自己株式の取得については、いつでも実施することができましたが、利益の配当（中間配当を含む）は年2回に限定されていました。
　会社法では、いつでも株主総会の決議によって、剰余金の分配を決定することがで

きるようになりました（会社法453）。

また、以下の要件を満たす場合は、取締役会の決議によって株主に対して剰余金を分配することができます（会社法459）。

① 会計監査人を設置していること
② 取締役の任期をその選任後１年以内の最終の決算期に関する定時総会の終結の時までとすること
③ 委員会設置会社以外の株式会社にあっては、監査役会を設置していること
④ 定款で剰余金の分配（特別決議を要するものとされる事項を除く）を取締役会の決議をもって決定することができる旨を定めること
⑤ 最終事業年度の計算書類に会計監査人の適正意見が付与されていること

今後は、上場企業を中心に四半期配当等を実施する会社が増加することが予想されています。

(2) 特別決議を要する場合

通常の剰余金の配当は株主総会の普通決議によることになっていますが、①現物配当（会社法309②十）と、②市場取引・公開買付け以外の方法により、特定の者から自己株式を有償取得する場合（会社法156①、309②二）は特別決議を要することになります。

現物配当において、株主の請求があれば現物に代えてその財産の価額に相当する金銭を分配することとする場合は、普通決議によることができます。

●剰余金配当手続

	旧商法	会社法
支払時期	定時総会後と中間配当の年２回	いつでも
決定機関	定時株主総会。中間配当は取締役会	原則株主総会。一定の条件のもとで取締役会だけでも可
決議方法	株主総会の普通決議 中間配当は取締役会決議	現物配当や市場取引・公開買付け以外の方法により特定の者から自己株式を有償取得する場合は、株主総会の特別決議。それ以外は、株主総会の普通決議又は取締役会決議

6 資本の部の計数の変動手続

(1) 原則

旧商法では、資本金の額の減少や準備金の額の減少については、①計数のみを変動させる場合と、②計数の変動に伴い株主への財産の交付が行われる場合とが混然と規定されていましたが、会社法では、計数の変動と株主に対する財産の交付は、分離して規定されています。なお、株主への財産の交付の規定は、剰余金の配当に関する規定に従って行われることになります。

(2) 資本の部の計数の変動

会社法では、株式会社は、いつでも、株主総会の決議によって、資本の部の計数を変動させることができることとなりました（会社法447、448、450～452）。

具体的には、①資本金から剰余金、②準備金から剰余金、③準備金から資本金、④剰余金から資本金の4つは、旧商法においても認められていましたが、会社法では、これらに加えて⑤資本金から準備金、⑥剰余金から準備金への変動が可能となっています。

ただし、その変動は、資本グループと利益グループに区分され、利益グループから資本グループへの振替は認められていませんので留意が必要です。

これは、会社計算規則第48条から第52条において、資本金等の増加要因が定められたことによります。それらをまとめたのが、次の図表です。

項　目	内　容
資本金の増加要因 （会社計算規則48①）	① 準備金（資本準備金に限る）の資本組入れ ② 剰余金（その他資本剰余金に限る）の資本組入れ
資本準備金の増加要因 （会社計算規則49①）	① その他資本剰余金の配当に際して増加する場合 ② 資本金の額を減少し、その額の全部又は一部を準備金とした場合 ③ その他資本剰余金の額を減少し準備金とした場合
利益準備金の増加要因 （会社計算規則51①）	① その他利益剰余金の配当に際して増加する場合 ② その他利益剰余金の額を減少し準備金とした場合
その他資本剰余金の増加要因 （会社計算規則50①）	① 資本金の額が減少した場合 ② 資本準備金の額が減少した場合 ③ その他資本剰余金を増加すべき場合
その他利益剰余金の増加要因 （会社計算規則52①）	① 利益準備金の額が減少した場合 ② 当期純利益が生じた場合 ③ その他利益剰余金を増加すべき場合

資本グループ

```
        資本金
       ↗  ↖ ⋮
      ↙    ↘ ⋮
   資本準備金 ←⋯→ 資本剰余金
```

→ 旧商法で認められていたもの
⋯ 会社法で認められるもの

利益グループ

```
  利益準備金 ←⋯⋯ 利益剰余金
```

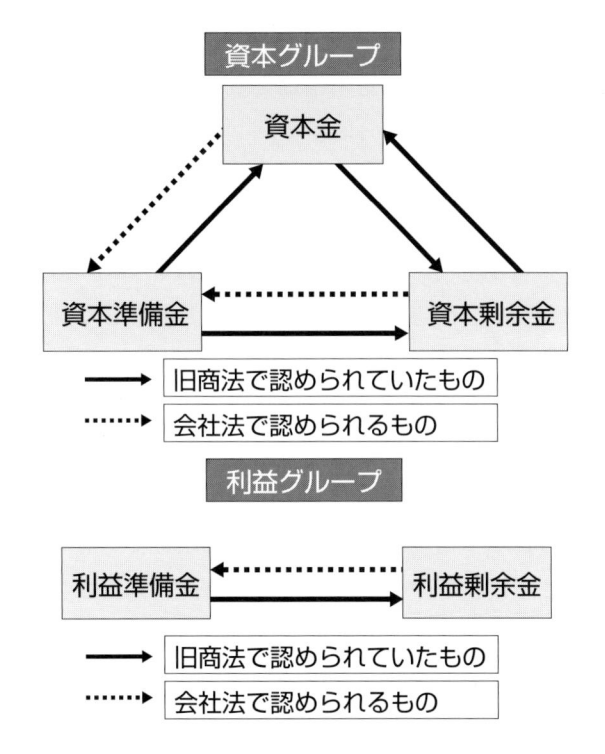

→ 旧商法で認められていたもの
⋯ 会社法で認められるもの

また、旧商法と会社法による手続を比較すると次のようになります。

項　目	旧商法	会社法
資本金の減少	株主総会の特別決議	株主総会の特別決議（注）
準備金の資本組入れ	取締役会の決議	株主総会の普通決議
利益剰余金の資本組入れ	定時株主総会の普通決議（利益処分）	実施できない
利益剰余金の準備金組入れ	規定がなかった	株主総会の普通決議
任意積立金の積立て	定時株主総会の普通決議（利益処分）	株主総会の普通決議

（注）定時総会における資本金の減少で、減少後なお分配可能な剰余金が生じないとき（減少額全額が欠損てん補に充当されるケース）は、普通決議でよいことになりました（会社法309②九、449①但書）。
　　また、株主総会において資本金を減少する場合には、資本金の資本準備金への計上が認められます。

(3) 資本金・準備金の減少額の上限規制

　資本金については、最低資本金制度により株式会社は1,000万円が下限とされていましたが、最低資本金制度の撤廃により、減少額に制限はなくなります。
　旧商法上の法定準備金は、平成13年の改正により、資本金の4分の1を超える部分を対象に減少させることができました。しかし、これを超えて取り崩す場合には、法

定準備金よりも先に資本金を取り崩さねばならないということになっていました。会社法では、資本金の4分の1まで法定準備金を残す規制はなくし、減少額に制限を設けないこととしました（会社法447②、448②）。

(4) 準備金の積立て

　剰余金の配当をする場合には、株式会社は、法務省令で定めるところにより、当該剰余金の配当により減少する剰余金の額に10分の1を乗じて得た額を資本準備金又は利益準備金として計上しなければなりません（会社法445④）。これを受けて、会社計算規則第45条に積立方法が定められています。

　まず、準備金の額が資本金の4分の1相当額に達した場合には、積立ての必要はありません。一方、4分の1の金額に達していない場合には、剰余金の配当の源泉が資本剰余金である場合は資本準備金に、源泉が利益剰余金である場合には利益準備金に積み立てます。旧商法では、その他資本剰余金から配当した場合であっても、利益準備金に積み立てていましたが、配当の源泉ごとに明確に区分されることになりました。

　これらをまとめると、次のとおりです。

	資本準備金の額	利益準備金の額
準備金 ≧ 基準資本金額	ゼロ（積立不要）	ゼロ（積立不要）
準備金 ＜ 基準資本金額	次のうちいずれか小さい額 ①（基準資本金額－準備金の額）×資本剰余金配当割合 ②配当額×1／10×資本剰余金配当割合	次のうちいずれか小さい額 ①（基準資本金額－準備金の額）×利益剰余金配当割合 ②配当額×1／10×利益剰余金配当割合

　（注）基準資本金額とは、資本金の額に4分の1を乗じて得た額をいいます。

7 役員賞与について

(1) 役員賞与の法的位置づけ

　従来、役員賞与は利益処分により支給することが慣行化されていました。

　利益処分で処理すると、損益計算書を経由せず直接剰余金の減少として処理されていました。

　会社法第361条では、取締役の報酬等の意義を取締役の報酬、賞与その他の職務執行の対価として株式会社から受ける財産上の利益とし、役員賞与は職務執行の対価として、明確に位置づけられました。取締役の報酬等について、次に掲げる事項を定款に定めていないときは、株主総会の決議によって定めることになります。

> 1 報酬等のうち額が確定しているものについては、その額
> 2 報酬等のうち額が確定していないものについては、その具体的な算定方法
> 3 報酬等のうち金銭でないものについては、その具体的な内容

会社法上は、役員賞与の支給方法は次の二つが考えられます。

> 1案：通常の役員報酬と合わせて報酬限度額を定めてその範囲内で支給する。
> 2案：通常の個別議案とは別個の役員賞与支給議案を上程して株主総会の決議を行う。

役員報酬と合わせて決議された報酬限度額の範囲内であれば、当然支給することは可能と解されますが、役員賞与の性格上業績連動性による観点からは、通常の役員報酬とは別に個別議案として上程して株主総会で決議する対応が考えられます。

(2) 役員賞与の会計処理

平成17年11月29日の企業会計基準第4号「役員賞与に関する会計基準」では、「役員賞与は、発生した会計期間の費用として処理する」ことになり、今後は費用処理が行われます。

総会決議を条件とする場合には、役員賞与引当金として処理し、報酬限度額内である場合や子会社の役員賞与のように株主総会での決議が確実な場合には、未払金処理をすることになります。

> （1） 総会の決議事項とする場合
>   （借）役員賞与引当金繰入×××　（貸）役員賞与引当金　×××
> （2） 報酬限度額内の場合や子会社の役員賞与のようにほぼ確定債務と認められる場合
>   （借）役員賞与×××　　　　　　（貸）未払金　×××

(3) 役員賞与の税務

会社法上、役員報酬と役員賞与の区別がなくなったことに対応して、平成18年度の税制改正により、役員報酬の損金算入の見直しが図られました。これは3月決算法人については、平成18年4月1日開始事業年度から適用されます。改正後の法人税法第34条第1項で損金算入が認められる役員給与は、以下の3つの要件を満たすものとされます。

① これまでも損金算入が認められていた1か月以下の期間ごとに定額が支給される給与（定期同額給与）
② 所定の時期に確定額を支給する旨の定めに基づいて支給する給与（事前確定届出給与）

③　同族会社でない内国法人がその業務執行役員に対して支給する利益連動給与のうち一定の要件を満たすもの（**利益連動給与**）

　事前確定届出給与は、法人の利益に連動して算定される役員報酬以外の報酬で、確定した時期に、確定した額を支給する旨を税務署長に事前届出（職務執行開始日と事業年度開始から3か月のいずれか早い日までに届出がなされるもの）に基づいて支給される報酬をいいます。
　利益連動給与は、法人の利益に連動して算定される役員報酬のうち以下の要件のすべてを満たす報酬をいいます。
イ　同族法人以外の法人の業務執行役員（取締役会設置会社の取締役、委員会設置会社の執行役、これらに準ずる役員）に対して支給される報酬であること。
ロ　給与の算定方法が当該事業年度の利益に関する指標（有価証券報告書記載事項）を基礎とした客観的なものであること。
ハ　確定額を限度とし、他の業務執行役員に対して支給する利益連動給与と同様の算定方法によること。
ニ　事業年度開始から3か月以内までに報酬委員会における決定等の適正な手続を経ていること。
　　ⅰ　委員会設置会社以外の内国法人における株主総会決議
　　ⅱ　委員会設置会社以外の内国法人報酬諮問委員会に対する諮問その他の手続を経た取締役会決議
　　ⅲ　監査役会設置会社の取締役会決議（社外監査役の適正意見書等提出要件あり）
　　ⅳ　その他上記に準ずる手続
ホ　報酬の算定方法が、決定後遅滞なく有価証券報告書等で開示がなされていること。
ヘ　ロの利益の指標の数値確定後1か月以内に支給又は支給見込みであること。
ト　損金経理がされていること。

7 組織再編についての改正

1 組織再編時の対価を柔軟に

　旧商法では、合併、分割、株式交換、株式移転の際、消滅会社の株主、分割会社又はその株主、完全子会社となる会社の株主に交付される財産は、原則として、存続会社、承継会社、完全親会社となる会社又は組織行為により設立される会社の株式に限定されて、各種の規則が設けられていました。つまり、組織再編の当時会社は、基本的に一方の会社が、他方の会社の株主に株式を交付することを原則としているということです。

　しかし、従来の規制では弾力的な組織再編行為が制限され、諸外国の制度と比較しても見劣りし、国際的な組織再編行為が制約されることから、組織再編時における対価を存続会社等の株式に限定せずに、金銭その他の対価とすることができるよう規制緩和の要望が寄せられていました。具体的には、子会社が他の会社を吸収合併する場合に、その親会社の株式を対価として交付する合併（いわゆる三角合併）、消滅会社の株主に金銭のみを交付する合併（いわゆるキャッシュ・アウト・マージャー）等に対する解禁の要望でした。

　合併の場合を例にとると、旧法でも、合併交付金の交付が認められており、被合併会社の株主に交付する株式に占める割合については、特に制限されていませんでした。また、親会社が子会社の株式を100％保有し、その親会社を存続会社とする合併の場合、対価のないいわゆる無増資合併も実務的には行われていました。したがって、合併の対価を存続会社の株式に限定することが、合併の本質とは言い難いと考えられています。

　そこで会社法では、吸収合併、吸収分割又は株式交換の場合において、消滅会社の株主、分割会社もしくはその株主又は完全子会社となる会社の株主（以下「消滅会社の株主等」という）に対して、存続会社、承継会社又は完全親会社となる会社の株式を交付せず、金銭その他の財産を交付することができるものとされました（会社法749①二、751①三、758四、760五、768①二、770①三）。

しかし、敵対的買収等に対する防衛策の準備期間を設けるため、会社法施行後1年間、対価柔軟化に関する規定が凍結されることになりました（会社法附則4・平成19年5月1日施行）。また、対価の内容を相当とする理由を記載した書面及び債務の履行の見込みに関する事項等を開示すべき資料とするものとされました（会社法782①、794①、会社法施行規則182）。

対価の柔軟化による組織再編としては、以下のようなことが考えられます。

(1) キャッシュ・アウト・マージャー（現金合併）

A社とB社が合併する場合、旧商法における合併は、被合併会社であるB社の株主に対して、合併比率に従って、A社の株式を交付することになっていました。

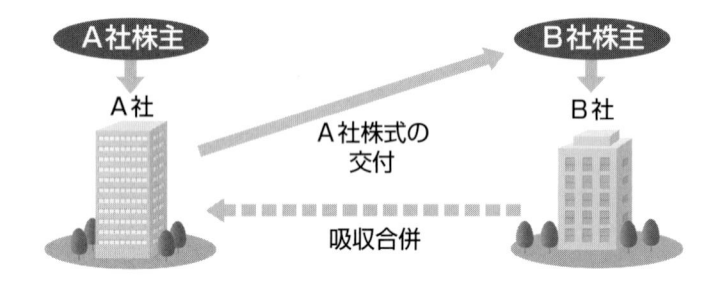

ところが会社法では、B社株主には、A社株式以下の金銭その他の財産を交付できるので、すべて現金で交付することが可能です。つまり、旧商法で、合併交付金を100％交付したのと同様になります。

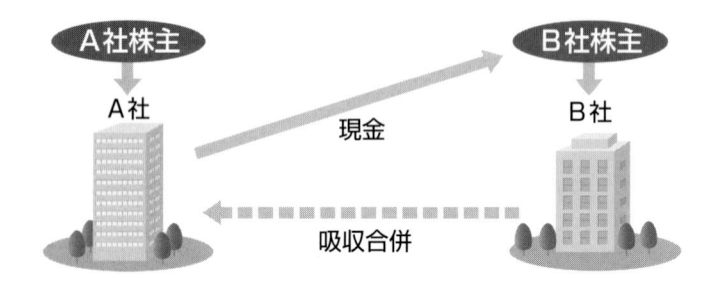

B社の株主からすれば、従来の制度であれば、B社株式に替わりA社株式の交付を受け、合併後のAB社に対し投資の継続が可能となり合併によるシナジー効果を享受できるのに対して、現金の場合にはシナジー効果を享受できずに、一旦投資の清算を意味することになります。したがって、シナジー効果を合併比率に適正に反映させるべきと考えられています。

(2) 三角合併

三角合併は、消滅会社の株主（B社株主）に対し、存続会社自身（子会社A社）で

はなく、その親会社の株式を割り当てる合併のことをいいます。

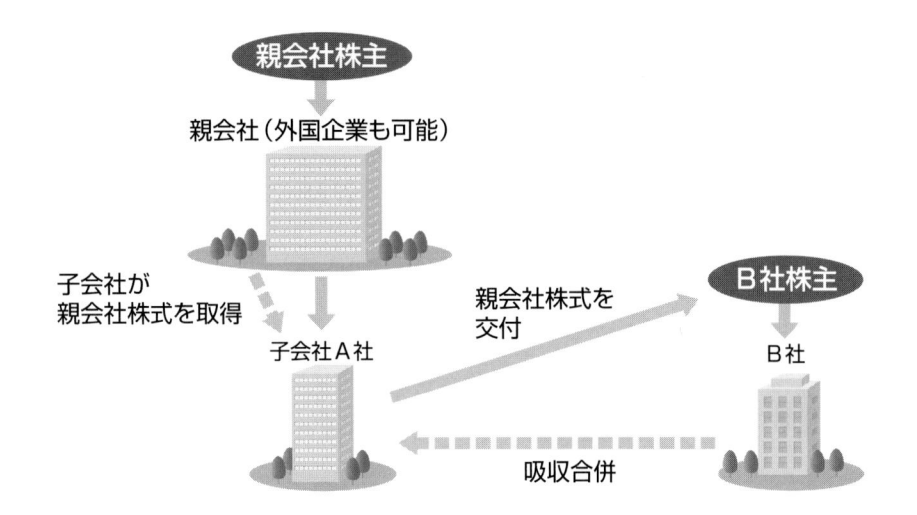

つまり、従来であれば、消滅会社B社の株主には、子会社A社の株式の交付しか認められなかったのですが、会社法では、「金銭その他の財産」が対価として認められたため、親会社株式を交付することができるようになったのです。

子会社A社が、B社株主に親会社株式を交付するには、A社が親会社株式を取得しなければなりません。取得の方法としては、第三者割当増資（有利発行に注意）、市場で購入、公開買付け等が考えられます。保有可能にするため、子会社による親会社株式取得の例外事項が追加されました（会社法800①）。

合併等の対価の柔軟化により、下図のような米国企業による日本企業の買収が容易になったといわれています。

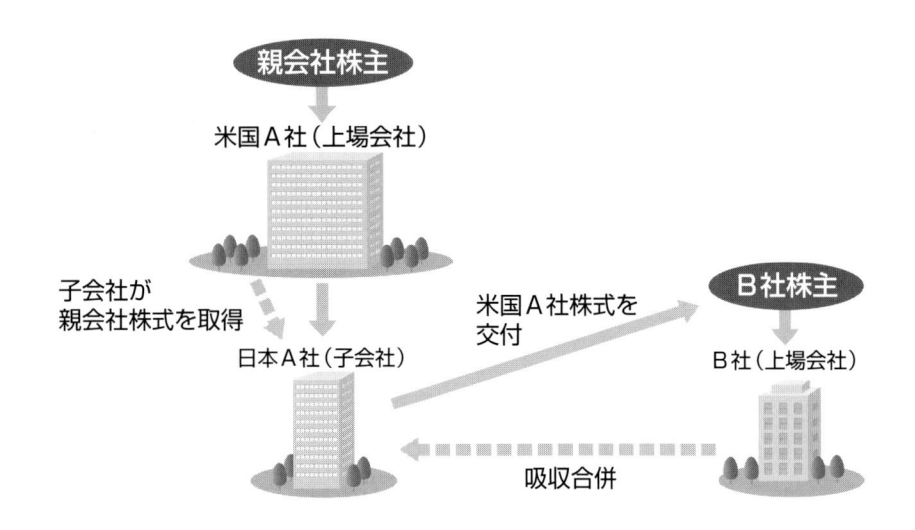

従来であれば、子会社である日本A社の株式の交付しか認められておらず、B社が

上場会社である場合には、B社株主の株式売買の機会を奪うことになるため、B社株主の合意がとりにくく実際の合併は困難でした。

しかし、三角合併方式によれば外資系企業の日本法人のような非上場企業でも、親会社が本国で上場している株式を割り当てればよいため、国境を越えた合併がしやすくなったといわれています。

ただし、この合併が成功するには、上場会社B社において、取締役会及び株主総会で合併が決議されるかどうかにかかっています。

仮にB社の取締役会が合併の申出に反対すれば合併は不可能であるため、まず米国A社あるいは子会社である日本A社は、敵対的買収を仕掛けてくることになります。これは、従来から可能なことであり、決議要件も変更はないことになります。

ただし、従来であれば、日本A社の非公開株式を合併の対価とすることには反対であった株主が、米国A社の株式という換金性のある株式の交換であれば、合併に賛成する可能性が高くなった点で、買収リスクは高まったといえます。したがって、公開会社においては従来にも増して、株主に対して企業価値向上を指向せざるを得ないことになります。

2　簡易組織再編について

(1)　簡易組織再編の内容

旧法では、合併等の組織再編行為は、会社及び株主にとって非常に重要な事項であるため、株主総会の決議事項となっていました。しかし、会社及び株主にとって重要でない簡易な組織再編については機動性を重視し、旧商法上一定要件を満たすものについては、株主総会の承認の不要な組織再編が認められていました。

そこで会社法では、その要件の緩和が図られました。ただし、株式譲渡制限会社は、募集株式の発行等の際に株主総会の決議が必要となっているため、その規定とのバランスから譲渡制限の発行又は移転を伴う場合にも、株主総会の決議は必要となっていますので留意が必要です。

再編手法	株主総会が不要となる対象会社	旧商法	会社法
簡易合併	存続会社	交付株式数が、存続会社の発行済株式数の5％以下かつ合併交付金が純資産額の2％以下	以下の①から③までの合計額が存続会社等の純資産額の20％以下 ① 交付株式数に1株当たりの純資産額を乗じた額 ② 交付する社債、新株予約権、新株予約権付社債の帳簿価額 ③ 交付する株式等以外の財産の帳簿価額
株式交換	完全親会社	交付株式数が完全親会社の発行済株式総数の5％以下かつ株式交換交付金が純資産額の2％以下	
吸収分割	承継会社	交付株式数が承継会社の発行済株式総数の5％以下かつ分割交付金が純資産額の2％以下	
吸収分割	分割会社	承継される財産が総資産額の5％以下	承継される財産が総資産額の20％以下
新設分割	分割会社	承継される財産が総資産額の5％以下	
営業（事業）譲渡	譲受会社	譲受けの対価が純資産額の5％以下	譲受けの対価が純資産額の20％以下

(2) 簡易組織再編行為の異議要件

　会社法では、簡易組織再編行為に反対する株主による異議を申し立てる権利の要件は、その株式会社の特別決議の定足数の総株主の議決権に対する割合を3で除した割合と6分の1のいずれか小さい割合とすることになりました（会社法468③、796④）。

　旧法では6分の1となっていましたが、これは株主総会の特別決議の定足数が総株主の半数で、かつ、決議要件は出席株主の議決権の3分の2であるので、計算上、総株主の議決権の6分の1の反対があれば、簡易組織再編を阻止することができることによるものです。平成14年5月の商法改正により、定足数は定款の規定により総株主の議決権の3分の1まで引き下げることができるようになり、特別決議の定足数の総株主の議決権に対する割合を3で除した割合を追加し、6分の1のいずれか小さい割合とすることになりました。

　したがって、特別決議の定足数を3分の1とすれば、9分の1の反対があれば簡易組織再編ができなくなります。

3 略式組織再編について

(1) 略式組織再編の内容

　従来、支配会社が一定の要件を満たした組織再編行為については、株主総会の決議

を省略することが可能でしたが、被支配会社においてはすべて株主総会決議が必要とされていました。しかし、ほぼ完全な支配権を有している場合には、仮に株主総会を開催したとしても、結論が変わることはないことは明らかです。そこで会社法では、支配関係のある株式会社間（ある株式会社が他の株式会社の総株主の議決権の9割以上を保有している場合）においては、被支配会社における株主総会は、不要となりました。具体的には、吸収合併、吸収分割、株式交換、事業譲渡等の場合となります。

なお、被支配会社である株式譲渡制限会社がその株式譲渡制限会社の株式の発行又は移転を伴う組織再編行為を行う場合には、9割以上を保有していても譲渡制限株式の募集株式の発行規定とのバランスから、その被支配会社においては、これまでと同様に株主総会の決議は必要ですので留意が必要です。

(2) 略式組織再編行為の差止め

株主総会の決議を要しない被支配会社の株主は、その組織再編行為が法令又は定款に違反し、又は著しく不当な条件で行われることにより不利益を受けるおそれがある場合には、その略式組織再編行為の差止めの請求をすることができることになっており、被支配会社の少数株主の権利を保護しています（会社法784②、796②）。

4 組織再編行為に伴う新株予約権の承継

(1) 新株予約権等の承継

旧商法では、株式交換・株式移転の場合には、完全子会社となる会社が発行した新株予約権の承継手続が規定されていました（旧商法352③、364③）。しかし、合併、分割の場合における消滅会社・分割会社が発行した新株予約権の承継手続についての明文規定がなく、その点が不明となっていました。

そこで会社法では、合併又は会社分割に際して、消滅会社又は分割会社が発行している新株予約権及び新株予約権付社債を存続会社等が承継する手続が明確化されました（会社法749①四、753①十、758五、763十）。また、従来、株式交換・株式移転の場合には、完全子会社となる会社が発行した新株予約権の承継手続が規定されていましたが、新株予約権付社債の承継が追加されています（会社法768①四ハ、773①九）。

(2) 新株予約権者の買取請求権

合併、分割の場合にも、株式交換等の場合と同様、消滅会社・分割会社が発行した新株予約権の承継手続を明確化したことにより、次の場合の新株予約権者は、買取請求権を認めるとして、会社法では、組織再編行為における新株予約権者の保護が図られています。

① 新株予約権の発行条項に承継に関する定めがある新株予約権について、その定めの内容に沿わない取扱いがされる場合における新株予約権
② 新株予約権の発行条項に承継に関する定めがない新株予約権であって、組織再編行為により他の株式会社に承継されることとなる新株予約権
③ ①、②に該当する新株予約権付社債権者は、原則として、新株予約権と社債を分離することなく、その有する新株予約権付社債の買取を請求できる（会社法787、808）。なお、発行条項においては、新株予約権のみの買取、新株予約権若しくは新株予約権付社債のいずれかの買取を請求できる旨が定められている場合には、その定めに従うことになる。

5　株式交換・株式移転について

(1)　株式交換の場合の債権者保護手続

①　株式以外の財産を対価とする場合

　旧法では、株式交換の際に債権者保護手続が求められていませんでしたが、会社法では、株式交換の対価として、株式以外の対価つまり金銭その他の完全親会社となる会社が保有する財産で支払う場合には、債権者を害するおそれがあるので、債権者の保護手続が必要になりました（会社法799①三）。

②　新株予約権付社債を承継する場合

　株式交換・株式移転に際して、新株予約権付社債を承継する時には、新株予約権付社債権者にとっては債務者の変更となることから、債権者保護手続が必要になります（会社法789①三、810①三）。

(2)　株式交換・株式移転の場合の資本等の増加限度額

　旧商法では、株式交換等に際して完全親会社となる会社の資本増加額については、完全子会社となる会社に「現存する純資産の額」を限度とすることになっていました（旧商法357、367）。この規定については、次のような問題点が指摘されていました。

① 親会社の資本増加額は、新株発行、合併、分割の場合と比較して明らかなように、本来、親会社自身が取得する財産に基づき決定されるべきものである。
② 「現存する純資産の額」という場合、簿価純資産なのか、時価純資産なのか明らかではない。
③ 会計基準の動向から完全親会社になる会社がパーチェス法を採用すると、原則として取得する株式は、完全親会社となる会社が支払う対価の公正価値で評価することになるため、従来の規定と乖離が生じる。

そこで会社法では、株式交換・株式移転に際しての資本等の増加限度額については、完全子会社となる会社の純資産を基準とするのではなく、完全親会社が取得する株式の価格を基準とするよう変更されました（会社法445⑤）。

(3) 株式交換無効の訴え

　旧商法では、株式交換手続等に瑕疵があった場合には、株主、取締役、監査役等は、株式交換があった日から6か月以内に、株式交換無効の訴えを提起することができました（旧商法363）。会社法では、前述「(1)①株式以外の財産を対価とする場合」には、異議を申し述べた債権者等も株式交換無効の訴えを提起できるよう、債権者保護の観点から追加されています（会社法828②十一）。

　株式交換無効の訴えについては、完全親会社又は完全子会社となる会社の本店所在地の地方裁判所の管轄に属するものとされ（会社法835①、834十一）、会社分割無効の訴えと同様の措置となります（旧商法374ノ12④⑤）。

6　組織再編行為に関する会計処理について

(1) 資本の部の計数の取扱い

　組織再編行為の際の資本増加限度額については、旧法では、すべて旧商法に規定されていました。しかし、組織再編行為における対価を柔軟化し旧規定を維持した場合、この規定が適切な会計処理を実施する際の障害となることも予想されます。

　したがって、会社法では、資本の部の計数の取扱いについては、企業結合に係る議論を踏まえて、その算定方法の一部を法務省令に委任し、弾力的な対応が可能となりました（会社法445⑤）。

(2) 組織再編行為の際の剰余金の計上

　旧法では、合併又は人的分割の場合に限り、消滅会社又は分割会社の留保利益相当額について、存続会社又は承継会社において資本準備金とすることを要しない旨が定められており、資本準備金としなかった額を債権者保護手続を経ないで処分することができる剰余金として認められていました。

　会社法では、この制度を廃止し、合併又は会社分割、株式交換・株式移転の場合（債権者保護手続を前提に）、剰余金の計上を認めることとなります。ただし、この部分は、企業結合会計に関わる議論に大きく影響されるため、法務省令で所要の措置を講じています。

　また、簡易組織再編行為を行う場合において増加すべき資本金又は準備金を増加しないこととするときは、処分可能な剰余金が増加するという株主の利益に資するもの

であるので、株主総会の決議を要しないことになっています。

(3) 組織再編に係る具体的な計算

　会社法における組織再編行為による会計処理については、企業結合会計基準（平成15年10月31日、企業会計審議会）、企業会計基準委員会の企業会計基準7号「事業分離に関する会計基準」及び企業会計基準適用指針第10号「企業結合会計基準及び事業分離等会計基準に関する適用指針」との整合した規定が会社計算規則に規定されています。この規定を理解するには、企業結合会計の基本的な考え方の理解が必要になります。

　企業結合会計の基本的な考え方は、次のとおりです。

> 1．対象取引
> 　合併、株式交換等の企業結合の法的形式を問わず包括的に対象取引とする。独立企業同士の結合の他、共同支配企業の形成及び共通支配下の取引（親子会社の合併等）を対象とする。
> 2．取得と持分の結合の識別
> 　次の3要件を満たす場合には「持分の結合」と判定し、持分の結合と判定されなかったものは「取得」と判定する。
> ①　結合の対価が議決権のある株式である
> ②　結合後の議決権比率が50：50の上下概ね5パーセント以内
> ③　②以外の支配関係を示す一定の事実がない（取締役の員数等）
> 　共同支配企業の形成は持分の結合と判定する。ある企業結合を共同支配企業の形成と判定するためには、要件①及び③を満たす必要がある。
> 3．取得の会計処理
> 　取得と判定された企業結合にはパーチェス法を適用する。取得した資産・負債は時価で受け入れ、のれん（又は負ののれん）は20年以内に規則的に償却する。
> 4．持分の結合の会計処理
> 　持分の結合と判定された企業結合には持分プーリング法を適用し、結合当事企業の資産、負債及び資本の簿価を引継ぐ。
> 5．共通支配下の取引の会計処理
> 　共通支配下の取引により企業集団内を移転する資産及び負債は、原則として移転前の簿価を引継ぐ。
> 6．実施時期
> 　平成18年（2006年）4月1日以降開始事業年度から適用を開始する。
> 　企業会計基準委員会に適用指針の検討を要請する。

　つまり、当該組織再編行為が、「取得」であるか「持分の結合」であるかを認識し、取得の場合にはパーチェス法、持分の結合の場合には、持分プーリング法で会計処理

することになります。これらをまとめると、次のようになります。

方　法	内　容
パーチェス法 （被結合会社の資産と負債を公正価値で受け入れ、かつ、交付した株式の公正価値だけ資本を増加させ、そのすべてを拠出資本（払込資本）とする方法	取得会社では、払込資本の増額として処理し、合併契約に従い資本金・資本準備金・資本剰余金に割り振る（会社法445⑤、会社計算規則58）。 　合併契約において、ゼロ以上で定めることができるため、資本金及び資本準備金の増加をゼロとする場合には、その他の資本剰余金の増加とすることはできる。 　パーチェス法では、資本の増加額をすべて払込資本とするため、利益準備金及び利益剰余金は引き継がない。 　パーチェス法が適用される吸収分割（会社計算規則63）、株式交換（会社計算規則68）についても、同様の内容が定められている。
持分プーリング法 （被結合会社の資産と負債を帳簿価額のまま受け入れ、かつ、被結合会社の資本（株主資本）をそのまま結合会社に引き継ぐ方法	持分の結合の場合、たとえば、吸収合併については、合併消滅会社の資本の部の構成をそのまま引き継ぐことになる（会社計算規則61）。

7　組織再編行為に際して差損が生じる場合

　旧法では、例えば、合併に際して存続会社等の差損が生じる場合を想定した規定が設けられていませんでした。これは、資本充実の原則からの当然の帰結と説明されていましたが、実務上は、時価以下主義のもとに、任意の資産を会社の都合で評価替えをし合併差損が発生しないようにしたり、含み益がない場合には、実態のない「のれん」を計上する場合もありました。企業結合会計が導入されると、部分的な時価評価は認められなくなります。

　したがって会社法では、組織再編行為に際して存続会社において差損（対価として交付する自己株式の処分差損を除く）が生ずる場合には、その組織再編行為が簡易組織再編行為の要件に該当する（株主総会不要）場合であっても、株主総会の決議が必要となり、差損が生じる制度を認めた上で、株主の了解と所要の開示手続を要求されることになりました（会社法795②）。

●差損が生じる場合

① 　存続会社等が承継する負債の簿価が資産の簿価を超える場合
② 　組織再編行為に際して交付する対価の存続会社における簿価がその組織再編行為により承継する純資産額を超える場合

> **コラム**：消滅会社が実質的に債務超過である合併が可能なかどうか
>
> 　従来は、そのような合併は認められず、ただ、例外として100％子会社の場合で、無増資合併の場合には、認められると解されていました。会社法のもとでは、解釈にゆだねられます。
>
> 　会社法のもとでは、株主総会等による承認があった場合には、これを認めないとする理由は見出しがたい（「会社法」第8版／㈱弘文堂／神田秀樹著）という有力説があります。

8　組織再編行為の効力発生日

　旧商法は、合併及び分割について、その効力の発生を登記の時としていました（旧商法102、416①、374ノ25等）。しかし、契約等で定められる実質的な効力発生日が存在する一方で、登記を法律上の効力発生日としているため、実質上の効力発生日と法律上の効力発生日とが異なることになっています。このような差異の存在が、公開会社における株式の円滑な流通に支障を来しているという指摘がありました。

　そこで会社法では、吸収合併又は吸収分割については、登記時ではなく、その組織再編行為を行う株式会社間で定めた一定の日において、その効力が生じることとなりました（会社法750①・③～⑤、752①・③～⑤、759①・④～⑤、761①・④～⑤）。ただし、登記をしなければ、第三者に対して、その善意・悪意を問わず対抗することができないとなっており、第三者の保護を実施しています（会社法750②、752②）。

　また、効力発生日を公告することにしており、その期日を変更する場合又は中止する場合においては（会社法790②、793②）、その旨の公告をすることになっており、利害関係者が容易に知ることができるよう配慮しています。

　なお、新設合併、新設分割、株式移転の場合には、会社を新設しますので、これまでと同様に登記時が法的な効力発生日となっています。

組織再編行為の効力発生日

項　目	旧商法	会社法
吸収合併	登記時	効力発生日
吸収分割	登記時	効力発生日
株式交換	効力発生日	効力発生日
新設合併	登記時	登記時
新設分割	登記時	登記時
株式移転	登記時	登記時

9 合併無効の訴え

吸収合併を無効とする判決等が確定した場合には、合併に際して交付された自己株式も無効とし、合併無効の場合の自己株式の取扱いを明確化しています（会社法839）。

8 清算についての改正

清算関係については、旧商法と比較すると全般的に緩和されています。

1 清算手続への裁判所の関与

旧商法においては、清算は裁判所の監督に属するものとされていました。具体的には、次の清算手続となっていました。

> イ　清算手続は裁判所の監督に服するものとする（旧非訟事件手続法136ノ2）。
> ロ　会社が清算手続に入ると、清算人は、就職の日より2週間以内に解散の事由及びその年月日並びに清算人の氏名及び住所を裁判所に届ける（旧商法418、旧有限会社法75①）。
> ハ　就職の後遅滞なく、会社財産の現況を調査し、作成した財産目録及び貸借対照表について株主総会の承認を得た後、これを遅滞なく裁判所に提出する（旧商法419③、旧有限会社法75①）。

しかし、旧商法においては、次のような問題が指摘されていました。

① 清算の遂行に著しい支障を来すべき事情があると認められる場合等において裁判所の厳重な監督の下に行われる特別清算と異なり、通常の清算の手続においては、裁判所はこれに積極的に関与する必要性は乏しいこと。
② 旧商法の下でも、裁判所においては、清算人から提出された財産目録等は、そのまま保管されているだけで、ほとんどが利用されていないのが現状であること。

このため会社法では、清算手続は裁判所の監督に服するものとする規定を削除し、清算人の氏名等の裁判所への届出並びに財産目録及び貸借対照表の裁判所への提出の制度を廃止するものとされました。

2 清算中の会社の機関

　清算は、解散した会社において、会社の現務を結了し、債権を取り立て、債権者に対し債務を弁済し、株主に対し残余財産を分配する等の行為を行う手続であって、清算中の会社の権利能力は、清算の目的の範囲内に縮減し（旧商法430①等）、営業取引をなす権利能力を原則として有しないと解されていました。
　このような清算中の会社の機関のあり方については、旧商法上の取扱いに不明確な点があった上、昨今の経済情勢等を踏まえ、実務界からは迅速かつ低廉なコストでの清算手続が可能となるよう、機関の簡素化を求める要望がありました。
　会社法では、次の2点より清算中の会社の機関について改正されました。

(1) 清算中の株式会社の清算人

　旧商法では、定款で別段の定めがある場合又は総会において取締役以外の者を清算人に選任した場合を除き、取締役（全員。ただし委員会等設置会社の場合には監査委員会を組織する取締役以外の取締役）が清算人になることとされていました（旧商法417①等）。
　しかし、株式会社の清算人については、取締役会に関する規定が準用されていたため（旧商法430②等）、清算人が複数いる場合には清算人会の設置が義務付けられることとなるため、実務界からは清算中の会社の機関における簡素化の要請がありました。
　よって会社法では、清算人を置く旨の定款の定めがない限り、清算中の株式会社には、清算人会の設置を義務付けないものとされました（会社法477②）。ただし、清算人会を設置するには、清算人を3人以上設置しなければなりません（会社法478⑥、331④）。

(2) 清算中の株式会社の監査役

　従前より、清算中の株式会社（大会社であったもの）に対する旧商法特例法の適用の有無については、取扱いが不明確であり、大会社についての監査役に係る規定については、清算中の会社への適用を否定する見解もあったものの、清算中の財産換価等に際して利害関係人間の利益相反が生じやすいことを根拠として、その適用を肯定する見解が有力となっていました。
　しかし、旧商法の大会社についての監査役に係る規定は複雑なものとなっていました（員数3人以上、監査役会、社外監査役、常勤監査役等）。これらの規定を、原則として営業取引を行う権利能力を有しない清算中の会社にそのまま適用することが疑問視されていました。また、迅速かつ低廉なコストでの清算手続を望む実務界からの改善が強く要望されていました。
　このため会社法では、清算の開始時点に大会社であった株式会社又は株式譲渡制限

会社でなかった株式会社（公開会社）には、監査役を1人以上設置することが義務付けられ、他方、株式譲渡制限会社については、清算中の株式会社については監査役の設置を義務付けないものとされました（会社法477④）。また、清算中の株式会社の監査役については、任期の定めがないものとされています（会社法480②、336）。

3 清算中の株式会社の計算

(1) 財産目録・貸借対照表の内容の法務省令への委任

　従来は、清算中の株式会社が作成すべき計算関係の書類の内容や作成方法につき規定が不明確であったことから、その内容を明確にするため、法務省令に委任しています（会社法施行規則144、145、146）。

　なお、清算人は、就任後遅滞なく財産目録及び貸借対照表を作成し（会社法492、旧商法420）、各清算事業年度において貸借対照表、事業報告及びその附属明細を作成すべきことは、従来どおりのままです（会社法494、旧商法420）。

(2) 清算中の会社の決算

　清算中の会社については、事業年度という概念が存在しないため、旧商法第420条の規定により作成すべき貸借対照表について、どの時点を基準に作成すべきか明確でないという問題点がありました。会社法では、清算事業年度（清算を開始すべき日の翌日から1年間）に係る貸借対照表を作成すべきこととして、作成時点を明確化しました（会社法494）。

4 清算中の会社がすべき公告とは

(1) 債権申出の公告

　旧商法では、清算人は、就職の日から2か月以内に少なくとも3回、債権者に対し、一定の期間内にその債権の申出をするよう官報に公告しなければならないとされていました（旧商法421①等）。

　また、この3回の公告義務付けについては、各公告の間に設けるべき時間的間隔について特別の制限がないことから合理性に疑問があり、実務界から、その回数を1回で足りるものとすべきであるという要望がありました。

　このため会社法では、債権申出の公告については、法律で期間を定めることなく、清算の開始原因が生じた後、遅滞なく公告・催告すべきことになり、迅速・簡素な清算の実現という観点から、1回で足りるものとされました（会社法499①）。

(2) 清算中の株式会社の決算公告

　旧商法では、清算中の株式会社についても、貸借対照表又はその要旨の公告が義務付けられていました（旧商法430②による283④⑤の準用）。

　会社法では、清算中の株式会社の決算公告は廃止するものとされました。これは、清算中の会社の権利能力は、清算業務に限定され、株主や債権者という直接に利害関係のあるものには、閲覧請求権を付与しており（会社法496②）、不特定多数のものに公告する必要性は乏しいと考えられたためです。

5 清算中の株式会社の債務の弁済

　旧商法では、会社は、清算手続に入ると、清算事務の迅速化のため、以下のような規定が設けられていました。

旧商法125条
1項　会社は弁済期に至らない債権といえどもこれを弁済することができる。
2項　前項の場合においては、無利息債権については弁済期に至るまでの法定利息を加算してその債権額に達すべき金額を弁済することを要する。
3項　前項の規定は利息附債権であってその利率が法定利率に達しないものに準用する。

(1) 弁済期前の債務の弁済の可否

　旧商法第125条第1項の規定は、清算手続の迅速化を図るものでありましたが、会社の都合で解散し、清算するにもかかわらず、会社債権者が通常であれば得られる利益を失わせる合理的な理由がなかったため、会社法では、これに相当する規定を設けず、民法の一般原則に従うことになりました。

(2) 弁済期前の債務の弁済に係る中間利息等の控除

　旧商法第125条第2項及び第3項の規定は、それぞれ弁済期前に弁済する場合には、債権額から弁済のときから弁済期に至るまでの法定利息（利息付債権の場合にあっては、法定利率と約定利率との差額によって計算した中間利息）を控除するものとしていました。これは、無利息債権等について弁済期前にその全額を弁済させると、債権者が弁済の時から弁済に至るまでの利息にあたる金額を利得する結果となる点が不当であることを理由として、設けられたものでした。

　しかし、民法の一般原則に従えば、期限の利益を放棄して弁済する場合には、債権額全額を支払うべきであり、会社が清算した場合に限定して、債権額よりも少ない弁済額で足りるとすることは、不当に清算中の会社を優遇することになります。

したがって、会社法では、この規定は設けず、民法の一般原則に従うことになりました。

6　清算中の株式会社の配当

(1)　残余財産分配の現物交付

　旧商法では、残余財産の分配（旧商法425）については、その価額が大きくなり、株主が換金困難となる場合も想定され、**原則として金銭をもってなされるべきであり、現物による残余財産の分配は、少なくとも総株主の同意がなければ認められない**ものと解するのが一般的でした。

　しかし、実際の清算手続において、株主によっては、残された会社の資産について継続的に自らの事業に用いることを求める場合も考えられ、そのような資産が換金困難なものであった場合、総株主の同意がなければ現物による残余財産の分配を認めないとする取扱いは、迅速かつ低廉なコストでの清算手続という実務界の要請に適合せず、国民経済上も好ましくないという指摘がありました。

　このため会社法では、**金銭以外の財産による残余財産分配が可能であることを明確化**するとともに、各株主は、分配を受けることができる残余財産に代えて、その価額に相当する額の金銭の分配を請求することができるものとされました（会社法504〜506）。

(2)　会社財産の株主に対する払戻し

　旧商法では、株主に対する残余財産については、会社の債務を弁済した後でなければ分配することができませんでした（旧商法430①等）。

　この旧商法については、次のような指摘がありました。

- イ　残余財産の分配と同様、株主に対する金銭等の支払という性質を有する利益配当、自己株式の取得等について清算中の株式会社において認められるかどうかという問題があり、利益配当については認められないとする見解が一般的であるが、その他の支払行為については取扱いが明確ではない。
- ロ　株主に対する金銭等の支払となる組織再編行為等の際の反対株主の買取請求権について、存続会社が買取請求に応ずる義務を負う合併の場合を除き、認めることは適当ではない。
- ハ　各種組織再編行為をはじめとする商法中の各種の行為について、清算中の株式会社においてはいかなる行為を行うことが認められるかについて考え方が分かれている。

　このため会社法では、次のとおり改正されました。

イ 清算中の株式会社は、残余財産の分配を除き、利益配当、自己株式の取得その他株主に対する金銭等の支払をすることができない（会社法509①）。
ロ 清算中の株式会社の株主は、合併以外の場合においては、株式の買取請求権を行使することができない（会社法509②）。
ハ 清算中の株式会社が分割会社となる人的分割及び完全子会社となる株式交換・株式移転は認めない（会社法509①二、三）。

7 清算結了登記後の資料の保存者

　旧商法では、清算結了登記後の資料保存者は、清算人その他の利害関係人の請求により、裁判所が選任することとされていました（旧商法429等）。しかし、取締役が清算人となって清算が結了したような場合には、資料の保存者の申立てを手続の最後にしなければならないとすることは煩雑であるという指摘がありました。

　このため会社法では、裁判所の関与のあり方を見直すこととし、清算結了後の重要な資料の保存については、原則として、清算結了時の清算人がその義務を負うものとされました。従来からの利害関係人が資料の保存者の選任を裁判所に請求する制度は、清算人がいなくなった場合等のための制度として整理されました（会社法508①②）。

> **コラム：現物配当**
> 　以前は、清算段階になると換金が困難となるため、分配は原則として金銭によっており、現物による配当は、総株主の同意が必要であると解されていました。会社法では、清算において、金銭以外の財産による残余財産の分配が認められています。なお、残余財産が金銭以外の財産である場合には、株主は金銭分配請求権を有し、清算株式会社は金銭分配請求権を行使した株主に対し、当該株主が割当てを受けた残余財産に代えて、当該残余財産の価額に相当する金銭を支払わなければなりません。

III 持分会社はこう変わった
合同会社の新設と合資会社・合名会社の改正

1 新しい会社のかたち

　旧商法上の会社は、これまで、合名会社、合資会社、株式会社及び有限会社の4種類でした。わが国の代表的な会社組織は株式会社です。

　株式会社では、株主は、株式の払込みという出資義務を負うだけです。出資は、金銭その他の財産権によることとされ、労務や信用の出資は許されないと解されています。議決権や配当請求権などの株主としての資格に基づく法律関係は、株式の数に応じて平等に扱われますので、株式会社では資本力のある人に有利な仕組みになっているといえます。

　会社法では、有限会社は廃止され、新たな会社類型として「合同会社」が創設されています。合同会社では、出資者の有限責任が確保される一方、会社の内部ルールは組合のように定款で自由に定められるのが特徴です。

　類似の会社類型は、諸外国ではすでに活発に利用されています。会社法の「合同会社」は、米国で1990年代に急増した「ＬＬＣ（リミテッド・ライアビリティ・カンパニー：有限責任会社）」がモデルとなっています。

　合同会社は、ベンチャー企業の立ち上げ時に活用されることが期待されています。専門的な知識・能力・ノウハウなどを持った人材が集まってベンチャー企業を立ち上げる場合、それぞれが有する能力を提供して役割を担うことになります。株式会社では、出資する資本力がなければ、意思決定においても利益分配においても不利な扱いを受けることになりますが、合同会社では、資本力に関係なく、意思決定や利益分配などの方法を出資者間で自由に定款で定めることができます。例えば、複数の技術者が先端技術の研究開発で会社を立ち上げる場合、外部から出資を募ると経営権を失うという懸念が生じますが、合同会社では定款で出資割合と異なる議決権の行使権を設定することによって、これを防ぐことが可能になります。また、開発技術の事業化を決断する際、取締役会などの複雑な手続を経なくても迅速な意思決定をできるように

することも可能です。

　ただ、合同会社の利用が進むか否かは、今後の税制改正で、構成員課税が認められるかにかかっています。組織に対する法人税として課税するのではなく、出資者に直接課税する制度（構成員課税）が適用されれば、出資者と法人との二重課税を避けることができ、税負担を抑えることができます。

　米国では、構成員課税の導入がＬＬＣ普及のきっかけになりました。創業期の損失を出資者の損失とみなし、出資者の他の所得と通算して納税することができます。

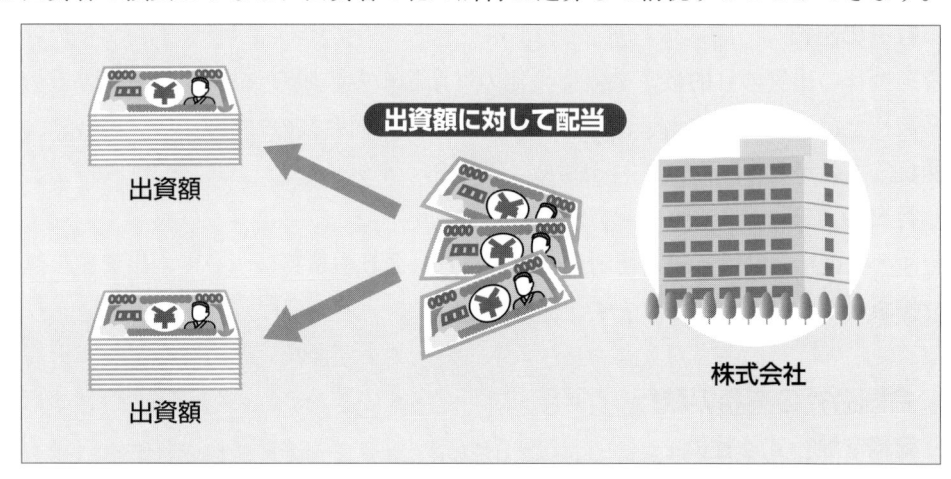

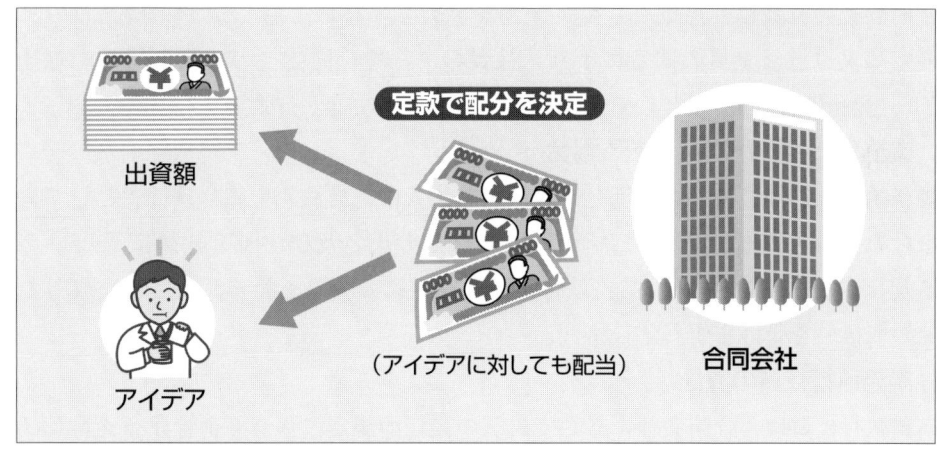

2　合同会社が新設された

(1) 定款の変更

　合同会社成立後の定款の変更は、原則として社員全員の一致によるものとされます（会社法637）。

(2) 社員について
① 社員の数
　社員1人のみの合同会社の設立及び存続が認められています（会社法641四）。
② 社員の氏名・持分の譲渡
　合同会社の社員の氏名又は名称及び出資の価格は、登記事項とはされません（会社法914）。また、合同会社成立後の社員の入社及び持分の譲渡の承認については、それぞれ原則として社員全員の一致によるものとされます（会社法585）。
③ 社員の出資
　合同会社の出資の目的は、金銭その他の財産権のみに限られます（会社法576①六）。合名会社とは異なり労務出資は認められません。合同会社の社員の出資については、全額払込主義がとられます（会社法578）。
④ 社員の責任
　合同会社の社員には有限責任制度が導入され、会社の債務について、出資額を超えて責任を負わないものとされます（会社法580②）。

(3) 合同会社の業務の執行
① 業務を執行する社員
　合同会社の社員は、原則として、業務を執行する権限を有します（会社法590）。定款の定め又は社員全員の同意により、社員の一部を合同会社の業務を執行する社員（以下「業務執行社員」）として定めることができます（会社法591）。
② 業務執行社員が法人である場合
　業務執行社員が法人である場合には、当該法人は、自然人を職務執行者として選任しなければなりません。職務執行者は、a．その氏名及び住所を社員に通知し、b．氏名及び住所を登記し、c．業務執行社員と同様に競業避止義務、利益相反取引の承認等の取扱いを受けます（会社法598）。
③ 業務執行社員の責任
　業務執行社員は、合同会社に対して民法の委任の規定に基づく善管注意義務及び忠実義務を負います（会社法593）。
④ 業務執行社員の責任を追及する訴え
　合同会社の業務執行社員以外の者であっても、業務執行社員の合同会社に対する責任を追及する訴えを提起することができます。この訴えは、株式会社の代表訴訟の提起手続等と同様の措置が講じられます（会社法601、602）。
⑤ 業務執行社員の第三者に対する責任
　合同会社の業務執行社員の第三者に対する責任については、株式会社の取締役の第三者に対する責任の規定と同様の規定が設けられます（会社法597）。

(4) 合同会社の計算

① 貸借対照表・損益計算書の作成

　合同会社は、貸借対照表・損益計算書・社員資本等変動計算書・個別注記表を作成しなければならないとされ、合同会社の債権者は、その閲覧又は謄写の請求をすることができます（会社法617、625、会社計算規則103）。

② 剰余金の分配規制等

　合同会社の計算に関する規定及び剰余金の分配に係る財源規制については、株式会社と同様です（会社法628）。違法な剰余金の分配が行われた場合の分配した社員の責任及び分配を受けた社員の責任、その減免についても株式会社と同様です（会社法629）。

(5) 社員の退社について

① 社員の退社

　合同会社の社員は、やむを得ない事由があるときは、定款の定めにかかわらず、退社することができます（会社法606）。

② 退社による持分の払戻し

　合同会社の社員が退社するときは、その持分の払戻しを受けることができます（会社法611）。その持分の払戻しに際して払い戻す金銭等の額が剰余金の額を超える場合には、業務執行社員の決定（業務執行社員が複数いる場合は、過半数の同意）をもって、債権者保護手続（帳簿上の純資産を超えて払い戻す場合には、清算手続に準じた手続）を経て、払戻しを行わなければいけません。この手続に違反して払戻しをしたときは、すべての業務執行社員は、その払い戻した額につき弁済責任（過失責任）を負うものとされています（会社法635、636）。

(6) その他

① 会社分割・株式交換等

　合同会社は、合同会社もしくは株式会社を相手とする吸収分割、合同会社もしくは株式会社を新設する新設分割又は株式会社を完全子会社とする株式交換に相当する行為を行うことができます。また、株式会社も、合同会社を相手とする吸収分割及び合同会社を新設する新設分割を行うことができます（会社法757以下）。

② その他

　その他、合同会社について、解散判決、社員の除名等合名会社と同様の制度が設けられています。

3　合資会社はこう変わった

合資会社は、無限責任社員と有限責任社員の両方からなる会社です（会社法576③）。

① 法人無限責任社員

　旧商法では、法人が合資会社の無限責任社員となることは認められていませんでしたが、会社法では認められるようになりました。合資会社の業務執行社員が法人であるときは、合同会社と同様の措置が講じられています（会社法598）。

② 合資会社の有限責任社員

　a　業務執行権限

　　合資会社の有限責任社員は、合資会社の業務を執行し、又は代表する権限を有するものとすることができます（会社法590）。

　b　監視権

　　合資会社の業務を執行しない有限責任社員は、重要な事由がある場合には、裁判所の許可を得なくても、合資会社の業務及び財産の状況を検査することができます（会社法592）。

　c　業務執行社員の責任を追及する訴え

　　合資会社の業務を執行しない有限責任社員による業務執行社員の責任を追及する訴えについては、合同会社と同様の措置が講じられています（会社法601、602）。

4　合名会社はこう変わった

合名会社は、無限責任社員だけからなる会社です（会社法576②）。各社員は会社に対して出資義務を負うほか、会社の債権者に対して直接・連帯・無限の責任を負います。

① 社員の数

　社員の数について、旧商法では2人以上とされていましたが、会社法では、社員1人のみの合名会社の設立及び存続が認められます（会社法641四）。

② 法人社員

　合資会社の無限責任社員と同様に、法人は、合名会社の社員になることができます。合名会社の業務執行社員が法人であるときは、合同会社と同様の措置が講じられます（会社法598）。

③ 業務執行社員の責任を追及する訴え

　合名会社の業務を執行しない社員による業務執行社員の責任を追及する訴えについては、合同会社と同様の措置が講じられています（会社法601、602）。

5　会社類型の相互関係について

(1) 社員の変動又は責任の変更
① 合同会社から合資会社・合名会社
　合同会社は、無限責任社員を新たに加え、又は一部の社員の責任を無限責任とすることにより合資会社となることができます。合同会社は、全部の社員の責任を無限責任社員とすることによって合名会社とすることができます（会社法638）。

② 合資会社から合同会社・合名会社
　合資会社は、無限責任社員全員が退社した場合には、合同会社となります。無限責任社員全員の責任を有限責任とすることによって、合同会社にすることもできます。
　また、合資会社は、有限責任社員全員が退社した場合には、合名会社となるものとされます。全部の有限責任社員の責任を無限責任とすることにより、合名会社になることもできます（会社法638、639）。

③ 合名会社から合同会社・合資会社
　合名会社は、社員全員の責任を有限責任とすることにより、合同会社となることができます。合名会社は、有限責任社員を新たに加え、又は一部の社員の責任を有限責任とすることにより合資会社となることができます（会社法638）。

④ 商号と社員の責任
　社員の責任の状況に応じて、会社の商号中に「合名会社」・「合資会社」・「合同会社」等の文字の使用が義務付けられています（会社法6②）。会社がその義務に違反した場合は、その使用する商号の会社類型の社員が法律上負うべき責任が、その社員が定款等の定めに基づき負担する責任よりも重い場合には、その社員は重い方の責任を負います。

(2) 組織変更
① 組織変更
　合同会社・合資会社・合名会社は、社員全員の同意により、株式会社に組織を変更することができます。また、株式会社も、株主全員の同意により、合同会社・合資会社・合名会社に組織を変更することができます（会社法781）。

② 債権者保護手続
　会社がその組織を変更する場合には、債権者保護手続を要し、合名会社・合資会社・合同会社が株式会社に組織変更する場合には、知れている債権者への個別催告をすべき債権者保護手続を要します（会社法781②、779）。

6　合同会社の課税方式について

　米国のＬＬＣでは、利益が出た場合、法人税として納税する方法と、それぞれの出資者に利益が還元された段階で納税する方法（構成員課税）のいずれかを選択することができます。構成員課税を採用することによって、初期投資に伴う損失を出資者の損失とみなして、出資者の他の所得と通算することができますので節税効果があり、ＬＬＣによる起業が増加することが期待されます。

　一方、合同会社は法人格を有し内国法人に該当するとされ、法人税の納税義務者とされます。したがって、米国のＬＬＣのように税務上のメリットはありません。構成員課税が実現するか否かは、今後の税制改革の中で議論されることになっています。

7　有限責任事業組合（ＬＬＰ）について

　合同会社と並行して導入されたものに「有限責任事業組合（ＬＬＰ：Limited Liability Partnership)」があります。

　ＬＬＰは経済産業省によって経済活性化のために人的資産の活用と共同事業の推進を図る器として平成17年8月1日に創設されました。

　ＬＬＰの特徴は、第一に有限責任制が採用され、出資者の責任はその出資額を限度とし、第二に内部自治の原則で、組織内のルールは構成員が決定することができ、第三に構成員課税が採用され、ＬＬＰに課税されるのではなく、出資者に直接課税されることです。

　ＬＬＰの組合員には有限責任制が導入され、それに伴う債権者保護の規制が設定されています。

　まず、情報開示の義務が課せられています。ＬＬＰは組合契約の内容を登記しなければなりません。また、貸借対照表・損益計算書・附属明細書の作成が義務付けられ、組合契約書とともに、債権者の閲覧に供する必要があります。次に、組合財産の維持ができるように、出資の履行が行われなければ組合契約の効力が発生しないこととされ、確実に出資が行われることを確保しています。また、財産的価値の確保のため、労務を出資の対象とすることはできず、出資は金銭その他の財産のみとされています。さらに、分配可能利益に制限が設けられ、ＬＬＰの財産が流出しないように規制されています。

　ＬＬＰにおいては、柔軟な意思決定や利益分配ができるように組織の運営方法は組合員で自由に決定することができます。ＬＬＰでの意思決定は原則として、総組合員の同意によって行われます。

　またＬＬＰでは全組合員が意思決定に参加し、業務執行にあたることが義務づけら

れています。

　合同会社との一番大きな違いは、ＬＬＰには法人格がないことです。

　ＬＬＰは合同会社のように法人格を持たないので、不動産の登記などはできませんが、実務上、法人に比べてほとんど不都合な点はありません。

　一方、ＬＬＰは法人ではなく民法上の組合と同様の扱いを受け、ＬＬＰ自体は納税主体とならず、構成員課税が採用されています。

① **有限責任制：出資者が出資額までしか責任を負わない**
② **内部自治原則**
　・利益や権限の配分が出資金額の比率に拘束されない
　・取締役会や監査役のような経営者に対する監視機関の設置が強制されない

Ⅳ 会社法のその他の改正

1 商号・登記についての改正

1 会社の商号について

(1) 商号の登記

① 旧法の規定

　会社の商号は、他の会社と同一市区町村内で、同一の営業のために、同一の商号を登記することはできないこととされていました（旧商法19）。

　この規制は、「営業の同一性」を基準として判断されるため、会社に係る登記実務において、「会社の目的」の記載について、従前から相当厳密な運用がなされていると言われており、その柔軟化が求められていました。

② 改正の内容

　旧商法第19条を廃止することとし、定款に記載する「会社の目的」の内容を、柔軟に決定することが可能になります。

(2) 不正競争目的の商号使用

① 旧法の規定

　商号の登記をした者は、不正競争の目的をもって同一又は類似の商号を使用する者に対し、その使用の差止めを請求することができるとともに、損害賠償の請求をすることができるとされていました（旧商法20①）。

　また、同市町村において同一の営業のために他人の商号を使用する者は、不正競争の目的でこれを使用するものと推定されていました（旧商法20②）。

　この規制は、不正競争防止法と規制内容が類似しており、両者の規制の関係が不明

確であるとされてきました。

② 改正の内容

旧商法第20条については廃止されました。

しかし、旧法の規制を不正競争防止法に一本化する趣旨であり、改正による実務への影響はないといえます。

(3) 同一住所・同一商号の会社の取扱い

(1)のとおり、不正競争を目的としない類似商号について、柔軟な取扱いがなされることになりましたが、同一商号・同一住所の会社は、従来どおり認められないことが明確にされています（商業登記法27）。

2 登記事項について

(1) 旧法の規定

旧法では、支店の所在地においては、本店の所在地において登記した事項（旧商法10、旧有限会社法13③）及び支配人の選任等について登記することとされていました（旧商法40）。また、支店の所在地において登記すべき事項は、登記がなされなければ、その効力を有しないものとされていました（旧商法13）。

(2) 改正の内容

商業登記がコンピュータ化されている現状から、本店及び支店の情報を本店の所在地において一元的に管理することとし、支店の所在地での登記事項は、a．商号、b．本店の所在場所、c．支店の所在場所に簡素化することとされています（会社法930②）。これにより、支店の登記の効力を定めた旧商法第13条も削除されました。

3 営業譲渡について

(1) 旧法の規定

営業譲渡の際、譲渡者が競業避止義務を負う範囲を、当事者の同意をもってしても「同府県及び隣接府県内」より広くすることができず、企業再編の際の制約となっていました。

(2) 改正の内容

企業活動範囲が拡大している現状を踏まえ、「同府県及び隣接府県内」という限定を設けないものとされています（会社法21②）。

4 その他

商法総則のうち、会社について適用される規定（商号、商業使用人、代理商、事業譲渡、商業帳簿及び商業登記）については、会社法において規定されています（会社法6～24、431、432、907～910）。

② 外国会社についての改正

1 擬似外国会社について

(1) 旧法の規定

擬似外国会社（日本に本店を設け、又は日本における営業を主たる目的とする会社で、外国法に基づいて設立された会社）については、内国会社と同一の規定に従うこととされていました。

(2) 改正の内容

擬似外国会社は、日本において取引を継続して行うことができないものとし、違反者に対する責任規定が設けられています（会社法821）。

2 外国会社の日本における代表者について

(1) 旧法の規定

旧法の規定では、日本に住所を有していない者については、日本における代表者とみなされないと解されていました。

(2) 改正の内容

外国会社の日本における代表者については、少なくとも1名が日本に住所を有して

いれば足りるように関連規定を整備することとされました（会社法817①、933）。

3 その他

1 罰則

　会社法制に係る罰則規定について、罰則以外の実質的な改正内容を踏まえ、所要の見直しが図られました（会社法960～979）。

2 関連規定の整備

　会社法制の実質改正に係る事項に関連して、関連する規定について所要の整備を行うとされました。

Ⅴ 会社法と敵対的買収

1 敵対的買収とは

　ライブドアによるニッポン放送に対する株式買占め事件以降、敵対的買収に対する関心が高まりました。この事件は、旧商法で実施されたものであり、本来、会社法の現代化とは、直接的な関係はなかったのですが、経済界に対する配慮から、平成18年5月1日の会社法施行後の1年後の平成19年5月1日以後、対価柔軟化に関する規定が適用されることになりました（会社法附則4）。

　敵対的買収とは、基本的に対象会社の経営陣に対して"敵対的"という意味で考えます。したがって、経営陣に対して敵対的買収であったとしても、現経営陣が株主に対する利益還元、つまり配当と株主価値の向上に前向きな努力をせずに、現状の経営に満足し、会社を私物化し、株主に経営陣の交代待望論がある場合には、経営陣にとっては敵対的であったとしても、株主レベルでは敵対的でないことが十分ありうることになります。

　では、なぜ株主を最重要視しなければならないのでしょうか。

〔会社と利害関係者との関係〕

株主以外の利害関係者の場合、金融機関であれば利子の受取、従業員であれば毎月の労働の対価としての給与、仕入先等の一般取引先であれば購入時に対価の支払い、政府等であれば税金の支払い、社債権者であれば利子の受取と、提供している物あるいはサービスの対価をそのつど受領しています。

　ところが、株主は、自己以外の利害関係者が対価を回収した後の残った利益の分配、つまり「最終利益の享受者」であることになります。また、金融機関のように、取引に当たり担保を設定することもできないため、債権者には劣後する保全されないお金、つまりリスクマネーの供給者が株主なのです。したがって、株主は会社の支配権を有しリスクマネーを供給している以上、経営を委任している経営陣に対して、当然、リスクに見合ったリターンを要求することになります。

　このため、株主から委任を受けている経営陣が、敵対的買収かどうかを判断するに当たり、経営陣にとって敵対的であることは関係なく、あくまで株主の立場から敵対的であるかどうかを判断することが最も重要となります。

2　買収者の種類

　企業買収者は、ストラテジック・バイヤーとフィナンシャル・バイヤーに区分されます。

　ストラテジック・バイヤーとは、自社の事業戦略（競争力強化、経営合理化、シナジー効果、市場拡大など）上の必要性から買収を行う者のことです。彼らは、自社グループの事業との関連性で企業買収を実施することになります。

　これに対してフィナンシャル・バイヤーは、事業戦略との関連性はなく、純粋にキャピタルゲインを稼得することを目的とする買収者のことをいいます。自己資金で実施する場合もありますが、通常はファンド形態によって活動しているケースが多いとされています。

　これと類似する買収者に、グリーンメイラーがあります。彼らは、敵対的な買収を仕掛け、買い集めた対象企業の株式を、その企業又は関係者に高値で買い取るように求める者のことをいいます。グリーンメイラーの由来は、ドル紙幣の色のグリーンとブラックメール（脅迫状）との連想から来ているといわれています。

　経営陣に敵対的な買収者が現れた場合に、グリーンメイラーであるかどうかの判断は、明確な投資戦略なく会社等に高値での株式の買取りの要求をする行為が顕在化してはじめて判明することになります。

　友好的でなく、敵対的に企業買収を仕掛ける者は、経営陣からすればすべてグリーンメイラーと考えられますが、経営陣は、株主への利益還元を委任されているため、敵対的買収者の提案内容を十分検討し、株主の利益になるかを判断することになります。

3 敵対的買収者に狙われやすい企業

(1) 敵対的買収者に狙われやすい企業

敵対的買収者に狙われやすい企業には、以下の特徴があります。

> ・過剰な現預金・有価証券等の運用資産を保有しており、生かされていないこと
> ・その企業の公正な価値に比較して、市場価額が割安となっていること

買収者は、企業の公正価値（フェアバリュー）を試算して、市場価格と比較し買収対象とすべきかどうか検討します。以下、事例を使って簡単に説明します。

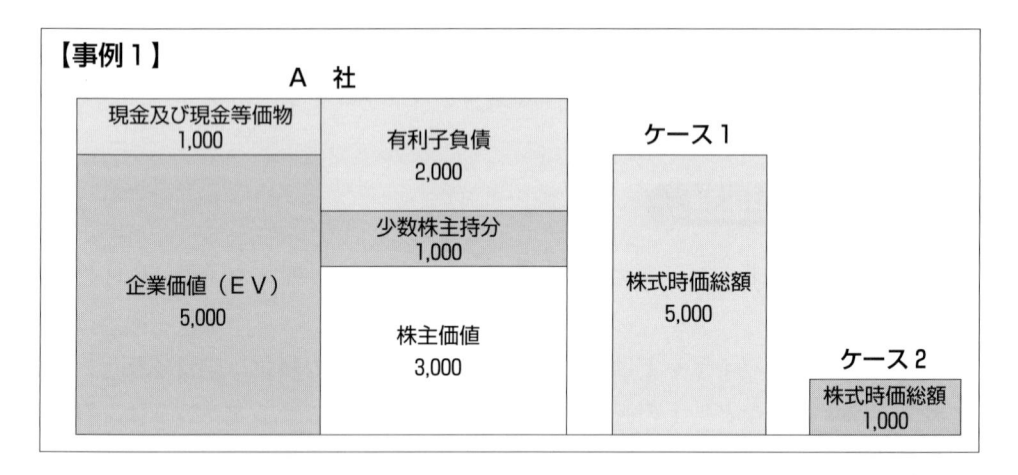

【事例1】

A社

現金及現金等価物 1,000	有利子負債 2,000		ケース1
企業価値（EV） 5,000	少数株主持分 1,000	株式時価総額 5,000	
	株主価値 3,000		ケース2 株式時価総額 1,000

【事例1】のA社の場合には、まず有利子負債2,000に対して、現金及び現金等価物が1,000あり、仮に全額有利子負債の返済に充当したとしても、1,000だけの有利子負債が残ることになり、余剰資金はないことになります。買収者はキャッシュを投資するため、当然キャッシュでのリターンを考えます。つまり、買収者から見て、A社に投資上の他の魅力がなければ、買収に名乗りでないことになります。

ケース1の場合には、株主価値3,000に対して、時価総額が5,000となっていますので、安く買収できないことになり、敵対的買収のターゲットにはなりにくいと考えられます。

ケース2の場合には、株主価値3,000に対して時価総額が1,000となっていますので、フィナンシャル面では有利子負債が1,000だけありますが、事業戦略上の提携、有望な技術等事業戦略面でのターゲットとなれば、敵対的買収のターゲットになる可能性があります。

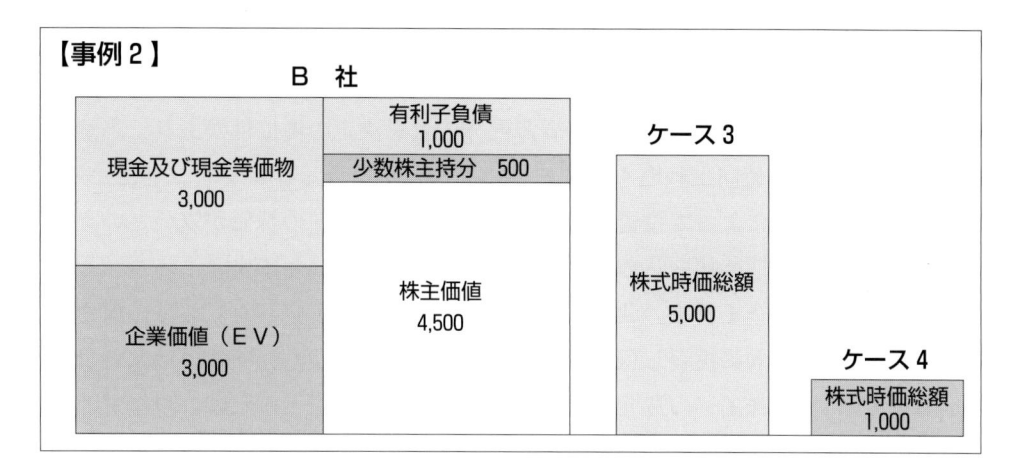

【事例2】のB社の場合には、財務上、現金及び現金等価物3,000に対して、有利子負債が1,000あり、それを全額返済したとしても2,000だけの余剰資金があることになります。もし、企業買収のコストが2,000よりも安く、支配権を獲得すれば、その余剰金は配当等により買収者である株主に還元し、投下資本の回収ができることになります。したがって、**ケース3**では、余剰資金があるものの、時価が高いため、買収に伴う投下資金が多くなる可能性があるのに対して、**ケース4**では、資金余剰があることに加え、株主価値4,500に対して時価総額が1,000となっており、仮に倍の2,000で買収したとしても、ネット2,000のキャッシュを入手できますので、直ちに投下資本を回収できることになります。

(2) 企業価値とは

企業価値（エンタープライズバリュー：ＥＶ）とは、一般的には、ＤＣＦ（discounted cash flow）法によって算出した価値を指します。フリーキャッシュフローを加重平均資本コストで除すると、企業価値が計算できます。フリーキャッシュフローは、税引き後の営業利益に予想される運転資本の増減を調整し、キャッシュを獲得するために必要な設備投資を控除して計算します。

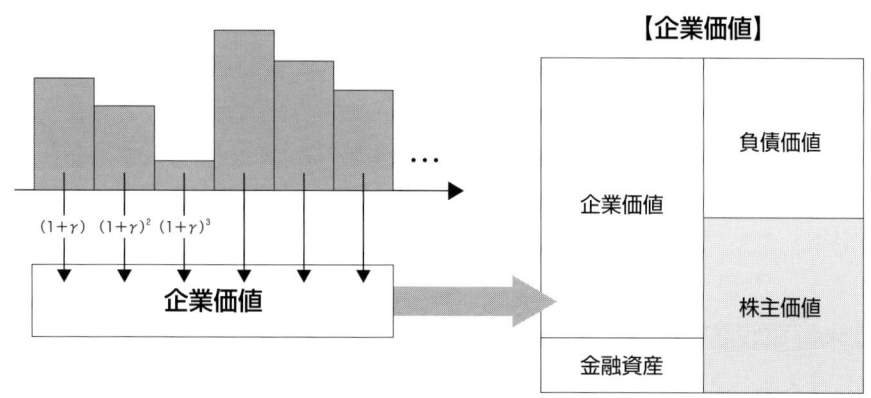

将来のフリーキャッシュフローの見方は、株主から経営を委任されている経営陣と敵対的買収者とは、見方が分かれるケースがあります。

　現経営陣は、情報における優位性と資源配分の意思決定の優位性があり、当然外部の誰よりも、企業価値向上戦略を有利に進めることができる存在です。したがって、その戦略をＩＲ活動によって投資家に十分な説明をして現在の株価が安いという判断をされれば、株価は期待値を込めて上昇し、株主価値は上昇します。

　逆に、投資家には全く将来の戦略について説明せずに、安定した収益は確保するが、蓄積された資金を有効に投資し将来の成長戦略を描くでもなく、あるいは余剰資金を内部留保のみに回し株主への還元をしてないとすれば、株主とすれば、現経営陣に対する不満が累積します。

　企業の潜在力が十分あり、敵対的買収によって経営権を取得後、経営陣を入れ替えて、新たな成長戦略を実行できる者は、経営陣に対しては敵対的買収者となります。また、株主にとっては、現経営陣には愛想がつきていますので、新たな買収者を支持することになるわけです。

　株主からすれば、配当が多く株価を上昇させてくれる経営陣を望みますから、仮に敵対的買収者が現れたとしても、現経営陣に満足していれば、株主が最終的には支持しないことになり、買収は成立しないことになります。また、株主から期待されていれば、その期待値は株価に折込済みのため、買収コストが高くなり、割高な買収となりますので、敵対的買収者は諦めることになります。

　そこで、各企業の経営陣は、敵対的買収者が現れた際に、自らの公正な企業価値を事前に分析し、敵対的買収者の買収提案は企業価値の破壊をするものであり、現経営陣の経営戦略による企業価値向上策を妥当と判断し、そのことを株主に対して説明する必要があります。

　こう考えると、敵対的買収への対応策として最も基本的な方法は、「企業価値向上を継続し、株主の配当による利益還元と価値向上によるキャピタルゲインの機会を与える」ことといえます。

4　敵対的買収に対する防衛策

　敵対的買収の防衛策を検討するに当たって留意すべき点は、各企業が過剰防衛策を導入し、現経営陣の保身に利用され、その結果、現株主にとって不利な状況が発生することです。

(1) 欧米型買収防衛策

　平時に導入すべきものと、実際に買収提案があってから有事に実施する手法に区分

されます。

欧米で導入あるいは検討された買収防衛策は、次の表のとおりです。

◎平時の防衛策

防衛策	概要
ライツプラン（ポイズンピル）	買収者が一定割合の株式を買い占めた場合（典型的には20％程度）、買収者以外の株主に自動的に新株が発行され、買収者の株式取得割合が低下する仕組み（いわゆるポイズンピル（毒薬））。
ゴールデン・シェア（黄金株）	合併や取締役の変更など重要な事項について拒否権を有する株式を友好的に第三者に付与する。
スーパー・ボーディング・ストック：複数議決権株式	創業者等の特定の株主が複数の議決権を持つ仕組み。
ブランクチェック（白地株式）	将来の市場動向に応じて、株式の内容を自由に決める権限を取締役会に付与すること。
ゴールデン・パラシュート：高額な役員退職慰労金	敵対的買収の結果、対象会社の取締役や上級役員が退任するに至った場合、多額の割増退職慰労金をそれらの者に支払うという契約を締結する仕組み。
ティン（ぶりき）・パラシュート：高額な従業員退職慰労金	敵対的買収の結果、従業員らが退職するに至った場合、多額の割増退職慰労金をそれらの者に支払うという契約を締結する仕組み。
ゴーイング・プライベート：非公開化	上場を廃止すること。
ホワイト・スクワイヤー：白馬の従者	友好的な会社に株式を保有してもらうこと（米国では、通常15％～20％を割当て、有事に議決権株式に転換する優先株を発行しておく場合もある）。
シャークリペラント：鮫よけ	定款で定める各種の防衛策（主に以下の４つ）。
① スーパー・マジョリティ	合併や取締役解任などの株主総会での決議要件を加重し、敵対的買収者が株を買い占めても合併や取締役会の支配を難しくすること。
② スタッガード・ボード：期差任期取締役制度	取締役の任期をずらして、取締役の過半数の交替をしにくくする仕組み。（米国では取締役の任期は３年。３分の１ずつ任期をずらせば、敵対的買収者が取締役会の過半を支配するのに２年かかる。）
③ 取締役解任への正当事由付加	任期途中で取締役を解任する場合、正当事由を必要とするもの。
④ 公正価格条項	部分的に支配権を握った敵対的買収者が、二段目で合併を企てた際に、少数株主に公正な価格を支払うことを義務づける条項。
チェンジ・オブ・コントロール：資本拘束条項	主要株主の異動や経営陣の交替などにより、ライセンス契約が即時解約されたり、融資契約が即時返済を迫られたりする条項を盛り込む仕組み。

（出典：企業価値研究会「企業価値報告書」（平成17年５月27日）P66－67）

◎有事の防衛策

防衛策	概要
ホワイトナイト（白馬の騎士）	友好的な会社による合併や新株の引受による子会社化
パックマン・ディフェンス	買収者に対して、逆買収提案を行うこと。（例：99年、フランスの石油会社であるトタルフィナ（業界第1位）がエルフ・アキテーヌ（同第5位）を買収しようとした際に、エルフ側からトタルフィナに対し、逆買収提案が行われた。）
クラウンジュエル（王冠の宝石） ↓ 大規模なものは、焦土作戦と呼ばれる。	会社の重要財産をホワイトナイトに営業譲渡すること。（ニッポン放送が保有しているフジテレビ株式をソフトバンク・インベストメントに貸借したこともこれの一つに該当すると言われている。）
増配	増配で株価引き上げを図ること。

（出典：企業価値研究会「企業価値報告書」（平成17年5月27日）P67）

(2) 日本において導入可能な防衛策

以下は、経済産業省の企業価値研究会が平成17年5月27日に公表した「企業価値報告書」に従ってポイントをまとめました。会社法では、旧商法以上にさらに多彩な企業買収防衛策が可能となります。

① 新株予約権を用いたライツプラン

「新株予約権を用いたライツプラン」とは、買収者以外の株主だけが行使できる、差別的行使条件のついた新株予約権を用いた防衛策、又は一定割合以上の株式を有する者以外のものについてのみ新株予約権の割当を行う防衛策のことです。

差別的行使条件のついた新株予約権の発行は、旧商法上では新株予約権の行使条件については制限がなく、新株予約権の行使は、株主の権利義務との内容ではないことを理由に、株主平等原則に反するものではないと考えられていました。

旧商法では、新株予約権を株式に転換するかどうかは株主に委ねられていましたが、会社法では、会社が買収者以外の株主の新株予約権を自社株と強制的に交換する条項の付与された新株引受権の発行が可能となっています（会社法236①七）。

② 買収者の議決権のみを希釈化するライツプラン

買収者が一定割合以上の株式を取得した場合に、強制転換条項付株式を利用して、買収者の株式を強制的に議決権制限株式に転換すれば、新株予約権を用いたライツプラン同様の効果が期待できます。当該このような防衛策は、買収者の議決権は希釈化しますが、配当比率は希釈化しない仕組みとなります。

具体的には、買収者が一定割合以上の株式（典型的には10％から20％）を取得した場合に、買収者の有する強制転換条項付株式が強制的に議決権制限株式に転換する仕

組みとなっています。株主総会の特別決議（旧商法では、株主全員の同意）を経て、当該強制転換条項付株式の内容を定款に定め（旧商法222ノ8、会社法108②六）、持株比率に応じて、その強制転換条項付株式を株主に割り当て、すべての普通株式を取得することになります（会社法108①七、171①、111）。

③　黄金株や複数議決権株式

　黄金株とは、会社の合併などの重要事項に関して拒否権を有する種類株式を友好的な第三者に発行しておく仕組みです。黄金株は、種類株式を活用することにより発行することができます。具体的には、株主総会の特別決議を経て、その種類株式の内容を定款に定めることになります（旧商法222⑨、会社法108①八）。

　一方、複数議決権付株式とは、一株一票を超える議決権のある特殊な株式をいいます。複数議決権株式は、単元の異なる複数の種類株式を活用することにより、特定の第三者に発行することが可能となります。

　例えば、友好的な第三者には一株で一単元の種類株式を与え、その他の株主には100株で一単元の種類株式を割り当てる仕組みとなります。株主総会の特別決議を経て、その種類株式の内容を定款に定めることになります（旧商法221③、会社法188①三）。

　なお、旧商法では、特定の種類株式にのみ譲渡制限を付すことはできませんでしたが、会社法では、株式の種類ごとに譲渡制限を付したり、付さなかったりといった設計が可能となります。具体的には、株主総会の特別決議を経て、会社の承認を要するその種類株式の内容について定款に定めることになります（会社法108①三）。

　この防衛策は、特定の有効な第三者の協力を前提とした防衛策であり、防衛効果は高いため、株主総会の特別決議において、その副作用を十分に説明し、株主の理解を得ることが必要といわれています。

④　定款変更による防衛策

イ　合併や取締役解任の要件加重

　旧商法では、会社が、合併の承認や取締役の解任についての決議要件を定款により加重できるかどうかについては不明確となっていましたが、会社法では、株主総会の決議要件を定款で加重できることが明確となっています（会社法309②）。

ロ　事業結合制限条項、公正価格条項、支配株式条項

　敵対的買収者の場合や、合併との対価が公正でない場合には、定款によって合併等の決議要件を加重することで、いわゆる"鮫よけ対策"として米国において導入されている事業結合制限条項や公正価格条項と同様の規定を導入することができます。

　また、会社法では、種類株式として議決権の行使条件を定款において定めることが明確化されることにより、敵対的買収者がその保有する株式数未満しか議決権を行使できないような種類株式を発行することによって、米国で導入されている支配株式条項と同様の規定も可能となります。

5 企業買収防衛策の指針

　平成17年5月27日、経済産業省と法務省が共同でまとめた「企業価値・株主共同の利益の確保又は向上のための買収防衛策に関する指針」が公表されました。今後実務的には、この指針に従って、敵対的買収防衛策を検討することになると思います。

「企業価値・株主共同の利益の確保又は向上のための買収防衛策に関する指針」（抄）

2005年5月27日
経済産業省・法務省

（中略）

Ⅱ　背景
（略）……敵対的買収に対する防衛策は、適正に用いられれば企業価値、ひいては、株主共同の利益の向上に役に立つものになる一方で、慎重に設計しなければ経営者の保身に使われ非効率な経営が温存される可能性も高いため、こうしたルール不在の状況を放置すれば、奇襲攻撃や過剰防衛が繰り返され、本来は、企業価値の向上に寄与するメカニズムである買収の効果が十分発揮されないこととなりかねない。

　指針は、……現在考えられている典型的な買収防衛策を念頭に置いて、適法で合理的な買収防衛策の在り方を提示し、買収に関する公正なルールの形成を促すことを目的としている。

Ⅲ　原則
　買収防衛策は、企業価値、ひいては、株主共同の利益を確保し、又は向上させるものとなるよう、以下の原則に従うものとしなければならない。

（中略）

Ⅳ　趣旨
1　企業価値・株主共同の利益の確保・向上の原則について
　買収防衛策の導入、発動及び廃止は、企業価値、ひいては、株主共同の利益（以下、単に「株主共同の利益」という。）を確保し、又は向上させる目的をもって行うべきである。（注1）
（注2）
　株式会社は、従業員、取引先など様々な利害関係人との関係を尊重しながら企業価値を高め、最終的には、株主共同の利益を実現することを目的としている。
　買収者が株式を買い集め、多数派株主として自己の利益のみを目的として濫用的な会社運営を行うことは、その株式会社の企業価値を損ない、株主共同の利益を害する。また、買収の態様によっては、株主が株式を売却することを事実上強要され、又は、真実の企業価値を反映しない廉価で株式を売却せざるをえない状況に置かれることとなり、株主に財産上の損害を生じさせることとなる。

したがって、株式会社が、特定の株主による支配権の取得について制限を加えることにより、株主共同の利益を確保し、向上させることを内容とする買収防衛策を導入することは、株式会社の存立目的に照らし適法かつ合理的である。

(注1) 株主共同の利益を確保し、向上させる防衛策の代表的なものとしては、次のようなものが考えられる。

① 次の(i)から(iv)までに掲げる行為等により株主共同の利益に対する明白な侵害をもたらすような買収を防止するための買収防衛策
(i) 株式を買い占め、その株式について会社側に対して高値で買取りを要求する行為
(ii) 会社を一時的に支配して、会社の重要な資産等を廉価に取得する等会社の犠牲の下に買収者の利益を実現する経営を行うような行為
(iii) 会社の資産を買収者やそのグループ会社等の債務の担保や弁済原資として流用する行為
(iv) 会社経営を一時的に支配して会社の事業に当面関係していない高額資産等を処分させ、その処分利益をもって一時的な高配当をさせるか、一時的高配当による株価の急上昇の機会をねらって高値で売り抜ける行為

② 強圧的二段階買収(最初の買付で全株式の買付を勧誘することなく、二段階目の買付条件を不利に設定し、あるいは明確にしないで、公開買付け等の株式買付を行うことをいう)など株主に株式の売却を事実上強要するおそれがある買収を防止するための買収防衛策

③ 株主共同の利益を損なうおそれがある買収の提案であるにもかかわらず、株主が株式を買収者に譲渡するか、保持し続けるかを判断するために十分な情報がないなど株主が当該提案を判断することが困難な場合に買収者に情報を提供させたり、あるいは、会社が買収者の提示した条件よりも有利な条件をもたらしたりするため、必要な時間と交渉力を確保するための買収防衛策

(注2) 第一の原則に関連しては、例えば、経営者が特定の買収者からの買収提案に賛成している場面において、他の買収者が出現したときは、取締役は、善良な管理者として、当該買収者の競合提案も検討することが求められる。会社が、株主から買収者による競合提案を検討する機会を完全に奪うような買収防衛策を発動することは、合理的な理由がない限り、適当でない。

2 事前開示・株主意思の原則について

買収防衛策は、適法性及び合理性を確保するために、導入に際して目的、内容等が具体的に開示され、株主等の予見可能性を高めるとともに(事前開示の原則)、株主の合理的な意思に依拠すべきである(株主意思の原則)。

(1) 事前開示の原則について

買収防衛策は、株主や投資家、買収者などの予見可能性を高め、株主の適正な選択の機会を確保するために、導入に際してその目的、買収防衛策の具体的な内容、効果(議決権の制限・変更、財産的権利への影響等を含む利益及び不利益)などを具体的に開示するべきである。(注3)

(注3) 具体的には、買収防衛策を導入しようとする会社が、商法・証券取引法等の法令や証券取引所の規則で定められた最低限の開示ルールに従うだけではなく、営業報告書や有価証券報告書などを活用して自主的に買収防衛策の開示に努めることも、買収防衛策の適法性を高めるとともに、株主や市場関係者の理解を得る上で極めて重要である。

また、買収防衛策の導入に際しては、「何を防衛するのか」、「そのためにどのような買収防衛策を導入するのか」といった点に関して、株主や投資家、さらには従業員などの利害関係人に訴えかけていくことも重要である。企業価値を生み出す源泉が何であり、株主還元政策や事業戦略の充実など企業価値を高める具体的な経営戦略とはどういうものかといった点を、ＩＲ活動を通じて浸透させていくことが求められる。多くの機関投資家は、長期的な株主価値の向上に関心がある。買収の開始前か

ら買収防衛策を導入する過程で、長期的な経営戦略に関して、株主や投資家の理解と納得を得ていく努力を講じることが必要となる。

(2) 株主意思の原則について

① 株主総会の決議に基づき導入する場合

　株主総会は、株式会社の実質的所有者である株主によって構成される最高意思決定機関として、株主共同の利益の保護のために、定款変更その他の方法により買収防衛策を導入することができる。定款による株式譲渡制限はその最たるものであるが、第三者に対する特に有利な条件による新株・新株予約権の発行も株主総会の特別決議を経れば適法とされ、また、法律上特別決議が必要な事項よりも株主に与える影響が小さい事項であれば、株主総会の普通決議等により買収防衛策を採ることも株主による自治の一環として許容される。

② 取締役会の決議で導入する場合

　株主総会で選任された取締役が、選任者である株主の構成を変動させるために買収防衛策を採ることは、法律が予定している権限分配と整合的ではないものの、意思決定機関としての株主総会は機動的な機関とは言い難いから、取締役会が株主共同の利益に資する買収防衛策を導入することを一律に否定することは妥当ではない。

　取締役会の決議により買収防衛策が導入された場合であっても、株主の総体的意思によってこれを廃止できる手段（消極的な承認を得る手段）を設けている場合には、株主意思の原則に反するものではない。

3　必要性・相当性確保の原則について

　買収防衛策は、株主共同の利益を確保し、向上させるためのものであるが、買収防衛策における株主間の異なる取扱いは、株主平等の原則や財産権に対する重大な脅威になりかねず、また、買収防衛策が株主共同の利益のためではなく経営者の保身のために濫用されるおそれもある。

　こうした買収防衛策による弊害を防止することは、その適法性及び合理性を確保する上で不可欠である。このため、買収防衛策は、株主平等の原則（注4）、財産権の保護（注5）、経営者の保身のための濫用防止（注6）等に配慮し、必要かつ相当な方法によるべきである。

(中略)

(注6)　取締役会は、買収防衛策を発動するに際しては、株主共同の利益に対する脅威が存在すると合理的に認識した上で（防衛策発動の必要性）、当該脅威に対して過剰でない相当な内容の防衛策を発動しなければならない。こうした判断にあたっては、外部専門家（弁護士、フィナンシャル・アドバイザー等）の分析を得るなど、判断の前提となる事実認識等に重大かつ不注意な誤りがない、合理的な判断過程を経た慎重な検討が求められる。こうした慎重な検討は、取締役の恣意的判断を排除する可能性を高める効果があり、買収防衛策の公正性を高める上で必要である。

(以下略)

なお、平成18年3月7日、東京証券取引所より「買収防衛策の導入に係る上場制度の整備等に伴う株券上場審査基準の一部改正について」が公表され、3月8日より運用されています。

**買収防衛策の導入に係る上場制度の整備等に伴う
株券上場審査基準等の一部改正について**

平成18年3月7日
株式会社　東京証券取引所

　当取引所は、投資者保護及び東証市場の国際性の観点から、買収防衛策の導入に係る適時開示の枠組みを整備し、上場会社が買収防衛策の導入にあたって尊重すべき事項を明らかにし、尊重義務違反に対する公表措置などの実効性確保のための措置を新設するなど、買収防衛策の導入に係る上場制度の整備を行うとともに、定款の記載内容が株主・投資者の投資判断に与える影響の大きさに鑑み、定款の変更に係る適時開示の制度を整備するため、「株券上場審査基準」等の一部改正を行います（詳細は規則改正新旧対照表をご覧ください）。

　改正の概要は、以下の通りです。

	（備　考）
I　概要 **1．適時開示** 　買収防衛策の導入又は発動に伴う新株又は新株予約権の発行については、発行価額の大小にかかわらず開示を要することとします。	・適時開示規則取扱い 　1．の3（1）a
2．尊重義務 　上場会社は、買収防衛策を導入する場合は、以下の事項を尊重するものとします。 　（1）開示の十分性 　　　買収防衛策に関して必要かつ十分な適時開示を行うこと 　（2）透明性 　　　買収防衛策の発動及び廃止の条件が経営者の恣意的な判断に依存するものでないこと 　（3）流通市場への影響 　　　株式の価格形成を著しく不安定にする要因その他投資者に不測の損害を与える要因を含む買収防衛策でないこと 　（4）株主権の尊重 　　　株主の権利内容及びその行使に配慮した内容の買収防衛策であること	・適時開示規則第1条の3第1項

3．上場審査基準 　新規上場申請者が買収防衛策を導入している場合には、尊重義務の遵守を上場審査における適格性の要件とします。	・株券上場審査基準取扱い1．（2）eの（b）等
4．尊重義務に反する旨の公表 　当取引所は、上場会社が尊重義務に反すると認める場合には、その旨を公表することができるものとします。 　この認定については、買収防衛策の内容及びその開示状況を総合的に勘案して行うものとします。	・適時開示規則第1条の3第2項、同取扱い1．の2
5．上場廃止 　株主の権利内容及びその行使が不当に制限されていると当取引所が認めた場合において、6か月以内に当該状態が解消されないときには、上場を廃止するものとします。 　「株主の権利内容及びその行使が不当に制限されていると当取引所が認めた場合」には、次の行為を行っていると当取引所が認めた場合を含むものとします。 （a）ライツプランのうち、行使価額が株式の時価より著しく低い新株予約権を導入時点の株主等に対し割り当てておくものの導入 （b）ライツプランのうち、株主総会で取締役の過半数の交代が決議された場合においても、なお廃止又は不発動とすることができないものの導入 （c）拒否権付種類株式のうち、取締役の過半数の選解任その他の重要な事項について種類株主総会の決議を要する旨の定めがなされたものの発行に係る決議又は決定（会社の事業目的、拒否権付種類株式の発行目的、権利内容及び割当対象者の属性その他の条件に照らして、株主及び投資者の利益を侵害するおそれが少ないと当取引所が認める場合を除く）	・株券上場廃止基準第2条第1項第17号、同取扱い1．（14）
6．定款変更に係る適時開示等 　上場会社の業務執行を決定する機関が「定款の変更」を行うことについての決定をした場合に、その内容を開示しなければならないこととします。 　上場会社（上場外国会社を除く。）は、定款の変更後遅滞なく変更後の定款を電磁的記録により提出するものとし、当該書類を当取引所が公衆の縦覧に供することに同意するものとします。	・適時開示規則第2条第1項第1号ai、同取扱い5．（3）fの2等

Ⅱ　施行日
・　平成18年3月8日から施行します。
・　施行日において現に上場会社(上場外国会社を除く。)である会社は、平成18年5月31日（2月決算会社及び3月決算会社にあっては、同年7月31日）までに当取引所に定款を電磁的記録により提出するものとし、当該書類を当取引所が公衆の縦覧に供することに同意するものとします。

以　上

【著者】あずさ監査法人

［東京事務所］
　東京都新宿区津久戸町1番2号　あずさセンタービル
　TEL：03-3266-7016　FAX：03-3266-7644

［大阪事務所］
　大阪市中央区瓦町3丁目6番5号　銀泉備後町ビル
　TEL：06-7731-1008　FAX：06-7731-1312

［改訂版執筆者・50音順］
　公認会計士　小野　友之（おの　ともゆき）
　公認会計士　久保田浩文（くぼた　ひろふみ）
　公認会計士　黒木賢一郎（くろき　けんいちろう）
　公認会計士　高田　勇（たかだ　いさむ）
　公認会計士　辰巳　幸久（たつみ　ゆきひさ）
　公認会計士　谷村　利之（たにむら　としゆき）
　公認会計士　中島　祐二（なかじま　ゆうじ）
　公認会計士　藤井　留美（ふじい　るみ）
　公認会計士　前田　信二（まえだ　しんじ）

ここに記載されている情報はあくまで一般的なものであり、特定の個人や組織が置かれている状況に対応するものではありません。私たちは、的確な情報をタイムリーに提供するよう努めておりますが、情報を受け取られた時点及びそれ以降においての正確さは保証の限りではありません。何らかの行動を取られる場合は、ここにある情報のみを根拠とせず、プロフェッショナルが特定の状況を綿密に調査した上で下す適切なアドバイスに従ってください。

©2006 KPMG AZSA & Co., a Japanese member firm of KPMG International, a Swiss cooperative. All rights reserved. Printed in Japan.

【あずさ監査法人】

　あずさ監査法人は、2004年1月、朝日監査法人とあずさ監査法人が合併して設立された監査法人です。全国主要都市に約3,100名の人員を擁し、監査や各種証明業務をはじめ、株式公開支援、財務関連アドバイザリーサービスなどを提供しています。

　また、金融業、製造・流通業、IT・メディア、官公庁、ヘルスケアなど業界特有のニーズに対応した専門性の高いサービスを提供する体制を有するとともに、4大国際会計事務所のひとつであるKPMGのメンバーファームとして、144ヶ国に拡がるネットワークを通じ、グローバルな視点からクライアントを支援しています。

最新 実務決定版　会社法ガイドブック

平成18年8月1日発行　　　　　　　　　　　定価はカバーに表示してあります

　　著　者　　あずさ監査法人 ©

　　発行者　　小泉　定裕

　　発行所　　株式会社 清文社

　　　　　〒530-0041　大阪市北区天神橋2丁目北2-6（大和南森町ビル）
　　　　　電話 06（6135）4050　　FAX 06（6135）4059
　　　　　〒101-0048　東京都千代田区神田司町2-8-4（吹田屋ビル）
　　　　　電話 03（5289）9931　　FAX 03（5289）9917

　　清文社ホームページ　　http://www.skattsei.co.jp/

　著作権法により無断複写複製は禁止されています。　　印刷・製本　㈱廣済堂
　落丁・乱丁の場合はお取替え致します。　ISBN4-433-33976-8

新会社法対応◆好評書

会社法適用による
会社登記の全実務

司法書士　会社法務研究会
田口真一郎・小野目人久・名取克彦・黒川　龍　共著

株主総会・取締役会決議から、株式会社の設立登記、株式・新株予約権、及び機関・役員等に関する登記、その他新法適用による変更登記事項の実務全般を登記書式、記載例等を収録し、具体的に解説。

■A5判424頁/定価 2,940円（税込）

カンタン解説！
新会社法の基礎と重要ポイント

矢野・千葉総合法律事務所　弁護士　矢野千秋　著

会計参与の新設、機関設計の柔軟化、最低資本金制度の撤廃などこれだけは、知っておきたい項目を押さえた概説書の決定版。

■A5判368頁/定価 2,415円（税込）

新会社法適用
定款変更と企業防衛対策の実務

鳥飼総合法律事務所　弁護士　鳥飼重和　編著

新会社法によって拡大された定款自治に関して、定款記載例を載せ解説。

■A5判280頁/定価 2,310円（税込）

新会社法による
取締役・執行役・監査役実務のすべて

あずさ監査法人　著

取締役・監査役の実務全般を、各々の基礎知識から経営上の問題になっている事項まで、幅広く網羅し、基礎編と応用編の全編にわたり詳細解説。

■A5判712頁/定価 4,410円（税込）